AF456098

QUESTIONS HISTORIQUES

Jean RIVIÈRE
Professeur d'Écriture Sainte.

La Propagation du Christianisme dans les trois premiers siècles

BLOUD & Cie

454-455 — SCIENCE ET RELIGION — Études pour le temps présent

LA PROPAGATION DU CHRISTIANISME DANS LES TROIS PREMIERS SIÈCLES

D'APRÈS LES CONCLUSIONS DE M. HARNACK

IMPRIMATUR :

Albiae, die 18 Febr. 1907.

L. Birot,
vic. gen.

QUESTIONS HISTORIQUES

LA PROPAGATION DU CHRISTIANISME DANS LES TROIS PREMIERS SIÈCLES

D'APRÈS LES CONCLUSIONS DE M. HARNACK

PAR

J. RIVIÈRE

Professeur au Grand Séminaire d'Albi.

PARIS
LIBRAIRIE BLOUD & Cie
4, RUE MADAME, 4
1907

MÊME COLLECTION

Méthodologie.

BRÉHIER (L.) et DESDEVISES DU DÉZERT (P.). — **Le Travail historique** (*426*).. 1 vol.

Les Origines chrétiennes.

ALLARD (Paul). — **Les Chrétiens ont-ils incendié Rome sous Néron ?** (*278*).. 1 vol.
— **Les Persécutions et la Critique moderne** (*279*)........ 1 vol.
BADET (P.). — **La Femme chrétienne au Temps des Persécutions, son influence et son rôle.** *Etude historique* (*147*). 1 vol.
BAUDRILLART (André). — **Les Catacombes de Rome,** *Histoire et Description*, d'après les documents les plus récents. Vingt-sept gravures 2 vol. (*219-220*). Prix........................... 1 fr. 20
— **La Charité aux premiers siècles du Christianisme** (*253*). 1 vol.
BESSE (J.-M.). — **D'où viennent les Moines ?** *Etude historique.* (*160*).. 1 vol.
— **Les Moines de l'Afrique romaine,** *IIIe et IVe siècles.* 2 vol. (*201-202*) Prix.. 1 fr. 20
BOURGINE (M.). — **Conversion de Saint Paul. — Saint Paul a-t-il été halluciné ?** (*175*)........................... 1 vol.
DUFOURCQ (A.). — **La Christianisation des Foules.** *Etude sur la fin du paganisme populaire et sur le culte des Saints* (*252*). 1 vol.
ERMONI (V.). — *Les premiers ouvriers de l'Evangile.* — I. **Les Apôtres, les Evangélistes, les Prophètes, les Docteurs** (*344*). 1 vol.
— *Les premiers ouvriers de l'Evangile.* — II. **Les Diacres, les Higoumènes, Les Liturgistes, les Pasteurs, les Prohigoumènes, les Préposés,** etc. (*345*)........................... 1 vol.
SORTAIS (G.). — **Valeur apologétique du martyre** (*340*). 1 vol.

L'Eglise et les origines de la civilisation moderne.

ALLAIN (E.). — **L'Eglise et l'Education populaire sous l'Ancien régime** (*163*).. 1 vol.
AZAMBUJA (G. d'). — **Ce que le Christianisme a fait pour la femme** (*64*).. 1 vol.
BESSE (Dom). — **Les Saints protecteurs du Travail** (*336*). 1 vol.
DESLANDRES (P.), — **L'Eglise et le rachat des captifs** (*199*) 1 vol.
GOURLET (A de). — **Les Vierges chrétiennes** (*403*)........ 1 vol.
GUILLOT (Gaëtan). — **Les Moines Précurseurs de Gutenberg,** *étude sur l'invention de la gravure sur bois et l'illustration du Livre* (*372*).. 1 vol.
SABATIER (Maxime), — **L'Eglise et le Travail manuel** (*37*). 1 vol.

Depuis que cette étude a paru en articles dans la *Revue pratique d'Apologétique* (du 15 mars au 1er juillet 1906), M. Harnack a publié une seconde édition, considérablement augmentée, de son savant ouvrage. Nous avons attentivement contrôlé sur ce nouveau texte nos interprétations et nos références. La substance de notre travail a pu rester la même. Car, si le livre de M. Harnack est refondu avec soin parfois jusque dans les moindres détails, si la documentation est notablement enrichie, sa thèse ne change pas, ni ses conclusions. Nous n'avons pas à changer davantage notre jugement sur les critiques à lui faire, ni sur le profit qui nous paraît en revenir à notre apologétique.

LA PROPAGATION DU CHRISTIANISME
DANS LES TROIS PREMIERS SIÈCLES
d'après les conclusions de M. Harnack.

INTRODUCTION

Parmi ces grands faits qui servent d'arguments à l'Apologétique traditionnelle, un des plus saillants comme aussi des plus exploités a toujours été la propagation du Christianisme dans l'Empire romain. Déjà les Apologistes, au plus fort de la lutte, ne manquaient pas d'étaler le nombre des fidèles aux yeux du pouvoir persécuteur comme un signe de force et un gage de victoire ; on se rappelle la fière hyperbole de Tertullien : « Nous ne sommes que d'hier et nous remplissons tout. »

Plus encore les Pères du IVe et du Ve siècle, témoins de l'invraisemblable triomphe de l'Eglise sur toutes les forces coalisées contre elle, se plurent à voir dans ce fait l'intervention de la Providence et à le donner comme une preuve manifeste de leur foi. « Quand je considère leur puissance et leurs œuvres, s'écrie Eusèbe en parlant des Apôtres, combien de milliers d'âmes ont accepté leur parole, combien d'églises groupant des myriades de fidèles ont été fondées par des hommes aussi ignorants et rustiques — et ils n'ont pas établi ces églises dans des localités obscures ou inconnues, mais dans les plus grandes villes, à Rome même la capitale de l'Empire, à Alexandrie, à Antioche, dans toute l'Égypte, en Lybie, en Europe, en Asie, dans tous les villages et chez toutes les nations — je suis amené à en rechercher la cause et à reconnaître qu'ils ne pouvaient aborder une pareille entreprise que par une puissance divine (1). »

Saint Jean Chrysostome, désireux de fournir à ses fidèles une de ces preuves aussi fortes que simples que l'homme du peuple lui-même puisse saisir sans grand raisonnement, n'en trouve pas de meilleure, après l'accomplissement des prophéties, que le fait de la conversion du monde ; et c'est à la décrire avec toute l'ampleur de sa majestueuse et chaude éloquence qu'il consacre la majeure partie de son traité *Que le Christ est Dieu* (2). Enfin on connaît le mot de saint Augustin : « Si l'on croit qu'il n'y a pas eu de miracles, ce seul grand miracle me suffit que le monde se soit converti sans miracles (3). » Dans le même sens, saint Thomas estime que cette conversion du monde est « plus étonnante que tous les pro-

(1) Eusèbe de Césarée, *Théophanie*, v, 49.
(2) Voir surtout les paragraphes 1, 9-10, 12-14, 17.
(3) Saint Augustin, *Cité de Dieu*, xxii, 5.

diges » et « la preuve certaine des prodiges passés (1) ».

Depuis, tous les apologistes en appellent à cette merveilleuse propagation. Au XVIIe siècle, elle a frappé le grand esprit de Pascal et de Bossuet. Au XVIIIe siècle, Bullet, pour la rendre irréfutable aux rationalistes de son temps, l'a exposée avec les seuls témoignages des auteurs juifs et païens. Plus près de nous, elle a inspiré non seulement des orateurs comme Frayssinous, Lacordaire et le P. Monsabré, mais des historiens comme l'abbé de Broglie ou M. Paul Allard. Il semble, en un mot, que tout homme qui réfléchit, à voir la disproportion entre les moyens employés et les résultats obtenus, ne peut manquer d'y reconnaître un phénomène unique, humainement inexplicable. Aussi bien, et depuis longtemps, la question a pris place dans nos manuels comme une preuve classique de la divinité du Christianisme.

Mais ne seraient-ce pas là des considérations suggérées par une vue trop superficielle ou inconsciemment tendancieuse des faits, et vainement consacrées ensuite par la rhétorique traditionnelle ? L'étude sérieuse et désintéressée de l'histoire ne va-t-elle pas ruiner cette apologétique complaisante ? Peut-être n'est-il pas téméraire de

(1) SAINT THOMAS, *Somme contre les Gentils*, I, 6.

croire que cette question inquiétante se pose à certains esprits, dans un siècle surtout où l'on a vu la critique détruire bien des constructions systématiques et reviser tant de légendes. Pour répondre à ces préoccupations ou pour les prévenir, pour donner en même temps à notre argumentation toute la force qui lui convient, ne serait-il pas bon d'interroger un historien de profession chez qui le souci scientifique prime toute considération apologétique, surtout si ses croyances différentes des nôtres éloignent d'avance tout soupçon de partialité ? M. Harnack réunit bien ces deux conditions de l'historien autorisé et indépendant.

Or, on sait que le savant professeur berlinois, fort de ses vastes études sur les origines chrétiennes, a publié un volume sur *La mission et la propagation du Christianisme dans les trois premiers siècles* (1). Non seulement l'ouvrage fut accueilli partout comme la première monographie de cette importante question, mais il reçut pour le fond même, et de divers côtés, des jugements favorables. Tandis que M. Hubert se félicite que le travail de M. Harnack ait enlevé à la propagation du Christianisme son caractère de « fait accidentel et pour ainsi dire miraculeux » pour « le rendre parfaitement intelligible et comparable

(1) A. Harnack, *Die Mission und Ausbreitung des Christentums in den ersten drei Jahrhunderten*. Deuxième édition en deux volumes avec cartes (Leipzig, Hinrichs, 1906.)

aux autres cas connus de propagande religieuse (1) », des catholiques ne craignirent pas d'en faire l'éloge. M. de Grandmaison lui consacrait deux longs articles dans les *Études* et, tout en faisant ses réserves sur certains jugements de détail, il louait dans l'œuvre de M. Harnack « sa connaissance profonde de l'ancienne littérature ecclésiastique, son art de maîtriser les faits, son effort méritoire vers l'impartialité, son respect pour les vertus et le caractère de nos Pères dans la foi (2) », et M. Jacquier terminait un compte rendu bienveillant, où se mêlent aussi quelques restrictions, en disant de l'ouvrage qu'il « mériterait d'être traduit pour être mis à la portée du lecteur français (3) ».

En effet, à lire M. Harnack, non seulement on admire sa prodigieuse érudition ; mais encore, si l'on retrouve quelques-unes de ces vues systématiques qui caractérisent son *Histoire des dogmes* comme aussi certaines traces des vieux préjugés héréditaires du Protestantisme, on est frappé, dans l'ensemble, par l'objectivité loyale et la sereine impartialité de ses jugements. Il est donc intéressant de voir si cet exposé du brillant historien apporte à notre thèse apologétique une confirmation ou un démenti. Voilà pourquoi, sans

(1) *L'Année sociologique*, VIIe année, 1902-1903, p. 355.

(2) *Etudes* du 5 août 1903, p. 300.

(3) *Université catholique*, 15 octobre 1903, p. 293.

suivre M. Harnack dans une analyse détaillée — aussi bien l'ouvrage n'est-il pas exempt de digressions — sans même nous astreindre à son plan, nous voudrions, à l'aide des matériaux qu'il a réunis, reconstruire l'argumentation traditionnelle. Sans doute nous ne nous interdirons pas de discuter ses opinions ou de signaler ses erreurs ; mais nous croyons qu'il est possible, tout en respectant la substance de sa pensée, de donner sur ce point à notre apologétique, d'après une autorité non suspecte, les bases solides de l'impartiale histoire.

PREMIÈRE PARTIE

LES FAITS

Notre première tâche consiste à établir les faits, à dessiner, d'après les textes, un tableau de la propagation du christianisme dans l'Empire. M. Harnack y consacre tout son quatrième livre (1) ; c'est d'ailleurs la partie la plus neuve, comme aussi la plus méritoire et la plus incontestée, de son œuvre. Il arrête son enquête au commencement du IVe siècle, c'est-à-dire au moment où le christianisme, après plus de deux siècles de persécution, s'impose enfin à la tolérance du pouvoir impérial et est élevé, grâce à Constantin, au rang de religion licite, en attendant de devenir bientôt religion privilégiée. La date n'est pas arbitraire; elle marque bien un tournant décisif dans l'histoire de la propagande

(1) Tome II de la seconde édition.

chrétienne. Car, depuis cette époque, il n'est pas douteux que la bienveillance du pouvoir et une situation désormais assurée n'aient apporté à la cause de l'Église un élément de succès aussi efficace qu'imprévu, et qui détermina bien des conversions; mais précisément l'action de ces auxiliaires trop humains ne permet plus de discerner la part qui revient au prosélytisme religieux de celle qui revient à l'intérêt personnel ou à la pression politique. Si l'on veut juger de la vitalité propre du Christianisme et de sa force spontanée, il faut voir où en était la nouvelle religion lorsque Constantin vint la faire bénéficier du prestige et des faveurs d'un patronage officiel.

CHAPITRE PREMIER

Développement historique.

Pour connaître la propagation du Christianisme, nous avons une série de textes relativement peu nombreux : M. Harnack en fait d'abord l'inventaire (1), et l'on peut être sûr avec lui de ne garder que des documents de bon aloi. A le suivre dans cette révision, nous gagnerons de dresser un répertoire critique de nos sources générales et, en même temps, de dessiner à grands traits le développement historique du Christianisme dans les trois premiers siècles.

Les écrits du Nouveau Testament, outre les indications de détail, nous donnent un certain nombre d'affirmations globales sur l'extension de la prédication apostolique. « Cet évangile du royaume, dit Jésus, sera annoncé *dans le monde entier* en témoignage *à toutes les nations* »

(1) Livre IV, ch. I, tome II, p. 5-25.

(Matth., xxiv, 11). Voilà le programme (1); la finale du second Évangile ajoute qu'il fut réalisé : « Les disciples partirent et prêchèrent *partout* » (Marc, xvi, 20). Saint Paul écrit aux Romains dans le même sens que « leur foi est annoncée *dans le monde entier* » (*Rom.*, i, 8. Cf. I *Thess.*, i, 8 ; *Col.*, i, 6 et 23 ; I *Tim.*, iii, 16). Dans les Actes, on entend les Juifs de Thessalonique se plaindre de trouver dans leurs murs ces missionnaires « qui ont bouleversé l'univers » (*Act.*, xvii, 6) et saint Jean, dans son Apocalypse, aperçoit parmi les élus « une multitude innombrable, venue de toutes les races, tribus, peuples ou langues » (*Apoc.*, vii, 9). Il est évident qu'il ne faut pas prendre ces paroles à la lettre et que ces textes signifient seulement, en même temps qu'une extension considérable, le sentiment que l'Église a eu, dès le premier jour, d'être destinée à la conquête du monde entier. Il faut entendre de la même manière le témoignage de saint Clément, quand il dit que « saint Paul a enseigné la justice dans tout l'univers », et celui de saint Ignace, lorsqu'il mentionne les évêques établis « jusqu'aux extrémités du monde (2) ». De même le *Pasteur* d'Hermas compare la foi chrétienne à un grand arbre qui couvre la terre, et

(1) On le trouve pareillement indiqué dans Saint Matthieu (xxviii, 19) et dans les *Actes* (i, 8).

(2) Saint Clément. *Épître aux Corinthiens*, v. Saint Ignace, *Epître aux Romains*, iii.

plus loin il représente sous la figure de douze montagnes les douze peuples du monde à qui le Fils de Dieu a été prêché par les Apôtres (1).

Si l'on veut avoir des renseignements sur l'état du Christianisme au Ier siècle autrement qu'en ces formules oratoires, il faut consulter, pour la Judée, les Actes qui parlent de « plusieurs myriades » de Juifs convertis (*Act.*, XXI, 20) ; pour Rome, Tacite et saint Clément qui, pour désigner les chrétiens mis à mort par Néron, emploient tous deux l'expression de « multitude immense (2) ». Plus précieux encore est le témoignage de Pline, qui, dans sa célèbre lettre à Trajan, décrit en ces termes le grand nombre des chrétiens dans sa province de Bithynie. « La chose m'a paru mériter une consultation, à cause surtout du nombre des accusés. Car beaucoup de personnes de tout âge, de tout ordre, de tout sexe même, sont accusées et le seront à l'avenir. Et ce n'est pas les villes seulement, mais encore les bourgs et les campagnes que cette superstition contagieuse a envahis. Il me paraît cependant possible de l'arrêter ; car les temples qui étaient déjà presque déserts recommencent à être fréquentés, les cérémonies longtemps interrompues reprennent, et l'on voit reparaître sur le marché la viande des

(1) *Pasteur* d'Hermas, *Similitude*, VIII, 3, et IX, 17.

(2) TACITE. *Annales*, XV, 44 (*multitudo ingens*) ; SAINT CLÉMENT, I *Cor.*, VI (πολὺ πλῆθος).

victimes qui ne trouvait jusqu'ici que de très rares acheteurs. D'où il est facile de supposer quelle foule d'hommes peut être ramenée, si on laisse place au repentir. » Même en supposant que Pline exagère pour impressionner l'empereur et obtenir une solution indulgente, on voit quelle immense diffusion du Christianisme un pareil rapport laisse deviner.

Ailleurs, en réunissant les diverses données des écrits apostoliques, M. Harnack énumère 43 localités où l'existence de communautés chrétiennes est historiquement attestée dans le cours du Ier siècle. Encore faut-il ajouter les provinces d'Arabie, de Syrie, de Cilicie, de Galatie, de Cappadoce, de Bithynie et de Pont, d'Illyrie et de Dalmatie, où les Epîtres de saint Paul et de saint Pierre attestent la présence de chrétientés qu'elles ne nomment pas. Ce qui fait que, d'un regard d'ensemble, le christianisme apparaît fortement répandu en Orient : Palestine, Syrie, Asie Mineure. Il s'est implanté à Alexandrie ; il a pris pied aussi en Occident : en Grèce, en Macédoine, à Rome surtout, d'où peut-être il a déjà pénétré en Espagne. A Rome et en Bithynie, il est assez connu pour attirer l'attention soupçonneuse du Gouvernement (1).

Pour le IIe siècle, les témoignages deviennent

(1) HARNACK, p. 72-75. Voir sur l'extension de l'Église du premier siècle, l'article de Mgr Batiffol. *Revue biblique*, avril 1895, p. 137-160.

plus abondants. Saint Justin proclame avec emphase : « Il n'y a pas une seule race d'hommes, soit barbares soit Grecs ou de quelque nom qu'ils s'appellent, Scythes qui vivent sur les chars, nomades sans maison ou pasteurs qui habitent sous la tente, chez qui ne soit invoqué le nom de Jésus-Christ (1). » Ce morceau n'est guère autre chose qu'un spécimen développé de la rhétorique traditionnelle sur l'universalité de l'apostolat. On peut glaner un renseignement plus précis dans l'homélie faussement attribuée à saint Clément et qui est peut-être du pape Soter (vers 170) : l'auteur affirme que les chrétiens sont maintenant plus nombreux que les Juifs (2). Vers la même époque, saint Irénée célèbre l'unité de l'Église dispersée dans le monde entier en s'écriant : « Les langues sont diverses dans le monde ; mais la tradition de la foi est partout la même. Ni les églises qui s'élèvent en Germanie n'ont une autre foi ou une autre tradition, ni celles qui sont en Ibérie ou chez les Celtes, ni celles qui sont vers le Levant, ni celles qui sont en Égypte ou en Libye, ni celles qui sont vers le centre du monde (c'est-à-dire la Palestine) (3). » Il parle aussi de ces peuples barbares qui ne savent pas écrire, mais qui portent gravée dans leur cœur, sans

(1) *Dialogue avec Tryphon*, 117.
(2) PSEUDO-CLÉMENT, II *Cor.*, II.
(3) SAINT IRÉNÉE, *Contre les hérésies*, I, X, 2.

encre ni papier, la même foi du Christ (1). Dans ces textes, il faut évidemment faire la part de l'amplification ; mais on ne saurait contester que son témoignage vaut au moins pour les églises de Gaule et de Germanie qu'il était bien à même de connaître. L'exagération apparaît plus manifestement chez Clément d'Alexandrie lorsque, à la philosophie qui n'est pas sortie de la Grèce, il oppose la foi chrétienne, qui, répandue sur toute la terre, est professée par des Grecs et des barbares dans toutes les races, villes et villages (2). L'affirmation de Polycrate d'Éphèse mérite plus de confiance, quand il écrit (vers 190) qu'il a rencontré personnellement des fidèles du monde entier (3). A la même époque, le païen Cécilius constate, lui aussi, la multiplication de cette secte infâme (4).

Mais, pour ne pas trop forcer la portée de ces témoignages, il ne faut pas oublier que, quelques années auparavant (vers 178), Celse croit pouvoir présenter les chrétiens comme à peu près exterminés par la persécution de Marc-Aurèle : « A peine, dit-il, en reste-t-il quelqu'un qui erre en se cachant, et encore on le poursuit pour le mettre à mort (5). » Sans nul doute, Celse, à son tour,

(1) *Ibid.*, III, IV, I. Cf. II, XXXI, 2, et III, XI, 8.

(2) CLÉMENT D'ALEXANDRIE, *Stromates*, VI, XVIII, 167.

(3) Rapporté par EUSÈBE, *Histoire ecclésiastique*, V, XXIV, 7.

(4) Dans MINUCIUS FÉLIX, *Octavius*, 9. Cf. 31 et 33.

(5) Rapporté par ORIGÈNE, *Contre Celse*, VIII, 69.

exagère ; mais le fait seul qu'il ait pu émettre une pareille affirmation nous interdit de croire à un nombre trop considérable de chrétiens.

Pour avoir l'état général du Christianisme à la fin du IIe siècle, M. Harnack dresse une seconde liste de toutes les villes nouvelles où des documents certains permettent d'attester la présence de communautés. Il en compte 33, réparties surtout en Asie Mineure, mais aussi en Thrace, en Thessalie, dans les îles grecques, en Italie et en Afrique ; de plus, il relève des désignations collectives de chrétientés autour d'Antioche et de Smyrne, en Asie, en Mésopotamie, en Égypte, dans la Grande Grèce, en Gaule, en Germanie, en Espagne. D'où il résulte que le Christianisme existe dans toutes les provinces et que déjà même, grâce aux églises de Mésopotamie, il a franchi les frontières de l'Empire (1).

Sur les confins du IIIe siècle, nous rencontrons les textes classiques de Tertullien. « Nous ne sommes que d'hier et nous remplissons tout votre empire, les villes, les îles, les places fortes, les municipes, les assemblées, les camps mêmes, les décuries, le palais, le sénat, le forum ; nous ne vous laissons que les temples. » Tellement que, si les chrétiens voulaient se révolter, ils seraient plus redoutables que les Maures, les Parthes ou les Marcomans ; ou si seulement ils venaient à se

(1) HARNACK, p 75-77.

retirer de l'Empire, les païens seraient effrayés de leur solitude : il y aurait un silence et une sorte de stupeur comme si le monde était mort. « Il vous resterait plus d'ennemis que de citoyens. Et maintenant même, si vos ennemis sont moins nombreux que vous, c'est à cause de la multitude des chrétiens, c'est parce que presque toutes les villes ont presque tous leurs habitants chrétiens (1). » Il est évident qu'il y a dans ce morceau d'éloquence une forte part d'exagération. Déjà Tertullien baisse un peu le ton, lorsqu'il dit dans sa lettre à Scapula que dans chaque ville les chrétiens sont « presque la majorité ». Plus loin il interpelle ainsi le proconsul au sujet de Carthage : « Que feras-tu de tant de milliers de chrétiens, de tant d'hommes et de femmes, de tout âge, de tout ordre qui viendront s'offrir à toi ? Que de bûchers, que de glaives ne va-t-il pas te falloir ? » Mettre à mort les chrétiens, ce serait décimer la ville, ce serait frapper chacun et le proconsul lui-même dans quelqu'un de ses parents ou de ses amis. L'apologiste conclut avec sa véhémence accoutumée : « Aie donc pitié de toi, sinon de nous ; aie pitié de Carthage sinon de toi ; aie pitié de la province (2). »

Ailleurs, pour confondre les Juifs, il montre le monde entier converti au Christ. Il rappelle

(1) Tertullien, *Apologétique*, ch. xxxvii.

(2) *Lettre à Scapula*, 2 et 5.

d'abord le passage des Actes (II, 9-11) ; puis il évoque « le reste des peuples : Gétules, Maures, toutes les nations d'Espagne et les diverses tribus des Gaules, les Bretons inaccessibles aux Romains et soumis au Christ, les Sarmates et les Daces, les Germains et les Scythes, bien des nations reculées, bien des îles inconnues que nous ne pouvons pas nommer (1) ». Ce dernier membre de phrase suffirait à montrer que Tertullien se laisse emporter par la rhétorique ; mais de ses affirmations hyperboliques on peut cependant retenir de précieuses indications sur les régions africaines qu'il connaissait, sur Carthage surtout, où, déjà de son temps, il devait y avoir une nombreuse population chrétienne, que le fécond épiscopat de Cyprien allait encore augmenter (2).

Le témoignage d'Origène se distingue, à l'encontre des précédents, par une précision et une loyauté toute scientifiques. A propos du texte déjà cité : « L'Évangile sera prêché dans tout l'univers... et alors viendra la fin », Origène observe que la fin du monde est encore loin puisque l'Évangile n'a pas été prêché partout. « Car un grand nombre, non seulement parmi les peuples barbares, mais parmi les nôtres, n'ont pas reçu jusqu'ici la parole

(1) *Contre les Juifs*, 7. Voir aussi *Contre Marcion*, III, 20. D'une manière plus générale il affirme que les chrétiens sont « plus nombreux que tous les autres ». *De l'âme*, 17.

(2) Cf. CYPRIEN, *Lettre à Démétrius*, 17 : « *nimius et copiosus noster populus*. »

chrétienne... Ainsi on ne dit pas que l'Évangile ait été prêché chez tous les Éthiopiens, chez ceux-là surtout qui habitent au delà du fleuve, ni chez les Sères (Chinois), ni au pays d'Ariacis (côte ouest de l'Inde). Que dirons-nous des Bretons ou des Germains qui sont au bord de l'Océan, des barbares Daces, Sarmates et Scythes, dont la plupart n'ont pas encore entendu la parole évangélique (1). » Si l'on compare ces lignes d'Origène à l'énumération de Tertullien, on mesure tout de suite la différence entre un développement oratoire et le renseignement précis de l'historien.

Dans son traité contre Celse, Origène a plusieurs fois l'occasion de parler du nombre des chrétiens. Tantôt il les présente comme une foule, tellement que dans ce nombre les païens trouvaient un prétexte pour leur imputer les malheurs publics et regretter la tolérance de l'autorité. Car l'Évangile s'est répandu partout pour l'amendement des hommes, et partout s'élèvent des églises combattues par les églises des méchants (2). Tantôt il avoue que le nombre des martyrs a été peu considérable (3) et que, dans l'Empire, les chrétiens eux-mêmes sont relativement peu nombreux : « Si, en effet, Jésus a dit : là où deux ou trois sont

(1) Origène, *Série de commentaires sur saint Matthieu*, 39.

(2) *Contre Celse*, III, 15 et 29.

(3) *Ibid.*, III, 8 : ὀλίγοι... καὶ σφόδρα εὐαρίθμητοι.

réunis en mon nom, ils obtiennent tout de mon Père, que dire si nous n'étions pas seulement un petit nombre comme maintenant (ὡς νῦν πάνυ ὀλίγοι) à nous entendre [dans la même foi], mais si c'était tout l'Empire romain (1)? » Ailleurs, il insinue qu'il n'y a pas encore de ville entièrement chrétienne (2). Mais, à voir les débuts modestes du Christianisme ainsi que la masse toujours croissante et la qualité des conversions, il espère un triomphe prochain (3).

Au début du IVe siècle, ce triomphe est bien près d'être réalisé. Le païen Porphyre se plaint de trouver des chrétiens partout (4). Devant le tribunal même de l'empereur, le martyr Lucien (311) peut invoquer en faveur de sa foi le témoignage de « *villes entières* » et « *presque de la majorité du monde* (5) ». Dans un de ses édits, et pour justifier la persécution, Maximin Daïa rappelle que ses illustres prédécesseurs, Dioclétien et Maximien Hercule, se décidèrent à sévir « lorsqu'ils virent *presque tous les hommes* abandonner le culte des dieux pour s'affilier au peuple chrétien (6) ». Ce qui n'était dans la bouche de Tertullien que

(1) *Ibid.*, VIII, 69.

(2) *Ibid.*, III, 30.

(3) *Ibid.*, III, 9-10.

(4) On identifie généralement avec Porphyre le païen dont Macarios Magnès rapporte les objections, IV, 3.

(5) Cité par RUFIN, *Histoire ecclésiastique*, IX, 6.

(6) Rapporté par EUSÈBE, *Histoire ecclésiastique*, IX, 9.

phraséologie de rhéteur est maintenant devenu une réalité, au moins en Orient : païens et chrétiens s'accordent à l'attester.

Eusèbe constate de même que le Christ est adoré dans le monde entier et que le peuple chrétien, « d'origine si récente, tout le monde en convient, n'est plus maintenant, ni chétif, ni faible, ni resserré dans un coin du monde, mais que, de tous les peuples, c'est le plus nombreux et le plus pieux (1) ». De ce développement, tout son ouvrage est consacré à retracer l'histoire. Le Christ lui-même a attiré des milliers d'âmes; après sa mort, les Apôtres se sont partagé la terre et ils ont porté l'Évangile jusques aux confins du monde. Puis Eusèbe décrit en termes enthousiastes cette Église qui brille sous Domitien, qui fleurit sous Trajan, qui, sous Hadrien, éclaire le monde comme le plus brillant des flambeaux. Au temps de Commode surtout, grâce à la paix que ce prince laisse à l'Église, la foi chrétienne gagne toutes les classes de la société ; enfin, au moment où éclate la persécution de Dioclétien, l'historien se reconnaît impuissant à décrire le nombre et la prospérité de ces chrétientés, dont les églises sont trop petites désormais pour abriter la foule croissante des fidèles (2).

En somme, on voit que cette histoire est tracée

(1) Eusèbe, *ibid.*, I, 3, 19, et I, 4, 2.

(2) Ces divers textes, épars dans l'*Histoire ecclésiastique*, sont groupés par Harnack, p. 13-15.

par Eusèbe avec plus d'éloquence que de rigueur : l'auteur est visiblement peu renseigné sur les origines, et il n'apporte de données précises qu'à partir de la fin du IIe siècle. Cependant les grandes lignes sont exactes et nous donnent, si nous y ajoutons les témoignages antérieurs, les principales étapes de la propagande chrétienne. Le Christianisme s'est propagé lentement et d'une manière continue ; mais, dans son histoire, on peut distinguer comme trois grandes poussées : la première marquée par l'activité de saint Paul ; la seconde, à l'époque de Commode et de ses premiers successeurs (fin du IIe siècle) ; la troisième, dans le demi-siècle qui précéda la persécution de Domitien (260-303). Cette dernière période surtout assure à l'Église une telle importance que l'Empire ne pourra plus désormais la négliger.

CHAPITRE II

Pénétration sociale.

Si l'importance numérique est pour toute religion un signe de vitalité et un élément de force, beaucoup plus encore peut-on regarder la qualité de ses membres à la fois comme un indice et un facteur de succès. Le Christianisme pouvait-il dès l'origine, comme il vantait le nombre de ses fidèles, se réclamer aussi de leur valeur sociale ? D'une manière générale, l'ardeur de la propagande, la conscience d'être le peuple de Dieu et de posséder la vraie religion, l'effort d'attirer tout à soi, tout révèle chez les premiers chrétiens, un sentiment de force singulièrement énergique. Pour justifier ce sentiment et mesurer la puissance de pénétration de la religion chrétienne, il nous faut la suivre, autant que possible, dans les diverses classes de la société ; ou pour parler le langage de M. Harnack, après avoir vu l'extension du Christianisme, nous en devons rechercher « la propagation intensive » (1).

Dans quelle mesure tout d'abord le Christianisme a-t-il pénétré dans les classes riches et instruites ? Saint Paul écrivait aux Corinthiens : « Il n'y a pas beaucoup de sages selon la chair parmi vous, ni beaucoup de puissants, ni beaucoup de nobles. » Et l'Apôtre s'en glorifie ; car il voit là un plan de Dieu qui se plaît à confondre, par la faiblesse de ses instruments, l'orgueil et la fausse science du monde (I *Cor.*, I, 26-30). Cette situation n'est pas spéciale aux temps apostoliques et pendant longtemps le Christianisme se recruta surtout parmi les petites gens : on sait que les polémistes païens trouvaient là matière toujours prête à de faciles plaisanteries ; et les apologistes en conviennent, beaucoup plus d'ailleurs pour s'en vanter que pour s'en défendre (2).

Cependant, dès la première heure, il est question de quelques grands personnages gagnés à la foi : à Chypre, le proconsul Sergius Paulus (*Act.*, XIII, 7-12) ; à Athènes, Denys, membre de l'Aréopage (*Ibid.*, XVII, 34) ; à Thessalonique et à Bérée, plusieurs femmes de haut rang (*Ibid.*, XVII, 4, 12). En Bithynie, Pline trouve des chrétiens dans tous les ordres ; à Rome, Pomponia Grécina,

(1) HARNACK, liv. IV, ch. II, p. 25-67.

(2) On peut consulter LUCIEN, *La mort de Pérégrinus*, 12 et 13 ; MINUCIUS FÉLIX, *Octavius*, 5, 8 et 12 ; ORIGÈNE, *Contre Celse*, I, 27 ; III, 18 et 44 ; VIII, 75.

la noble matrone dont Tacite raconte l'étrange changement de vie, était certainement chrétienne (1); de même le consul Titus Flavius Clemens et sa famille, et il faut sans doute en dire autant d'Acilius Glabrion, sénateur et personnage consulaire que Domitien fit mettre à mort (2). Du temps de Trajan, la communauté de Rome est assez puissante pour que saint Ignace redoute son crédit qui pourrait l'arracher au martyre (3). Vers le milieu du IIe siècle, Hermas se plaint du relâchement que la fortune a introduit dans les mœurs (4) et Marcion, en arrivant à Rome, était assez riche pour verser à la caisse commune la somme de 200.000 sesterces (5).

Avec la richesse si on demande la science, nous trouvons, dès les temps apostoliques, l'alexandrin Apollos qui troublait la communauté de Corinthe par sa subtile éloquence (*Act.*, XVIII, 24; I *Cor.*, I, 12 et III, 4-6). Plus tard, les Apologistes étaient des hommes de haute culture et il faut en dire autant de certains docteurs gnostiques comme Valentin. Tertullien était un juriste distingué (6); Clément d'Alexandrie signale la conversion de plusieurs philosophes (7); l'école théologique

(1) TACITE, *Annales*, XIII, 32.
(2) DION CASSIUS, LXVII, 14.
(3) SAINT IGNACE, *Epître aux Romains*.
(4) HERMAS, *Pasteur*, *Précepte* X et *Similitude* VIII, 9.
(5) TERTULLIEN, *Prescriptions contre les hérétiques*, 30.
(6) EUSÈBE, *Hist. eccl.*, II, 4.
(7) CLÉMENT D'ALEXANDRIE, *Stromates*, V, XVIII, 167.

d'Alexandrie est en pleine vigueur depuis le milieu du IIe siècle et personne ne contestera l'envergure intellectuelle d'un Origène.

Le règne de Commode marque un accroissement notable du Christianisme dans les rangs de l'aristocratie romaine (1) : le célèbre martyr Apollonius était peut-être sénateur ; on trouve dans les inscriptions chrétiennes de la fin du IIe siècle le nom des *Annaei* et des *Pomponii* ; Tertullien connaît des chrétiens au Sénat et parmi les clarissimes (2). La persécution entraînait pour eux la perte des honneurs et la confiscation des biens : l'édit de Valérien (258) est spécialement dirigé contre les chrétiens des hautes classes (3). Il y avait des chrétiens jusque parmi les employés de l'Etat : Denys d'Alexandrie en signale dans cette ville dès le temps de Dèce (4) ; Eusèbe rapporte qu'il y avait des chrétiens, avant la persécution de Dioclétien, même parmi les gouverneurs de provinces et que la confiance des empereurs les dispensait de sacrifier ; en Phrygie, toute une ville était chrétienne, y compris les fonctionnaires (5). En un mot, « dès avant Constantin, la religion chrétienne a pénétré dans la

(1) EUSÈBE, *Hist. eccl.*, V, XXI, 1.

(2) TERTULLIEN, *Apologétique*, 37 et *Lettre à Scapula*, 4-5.

(3) SAINT CYPRIEN, *Epître* LXXX, I : « Ut senatores et egregii viri et equites romani, dignitate amissa, etiam bonis spolientur. »

(4) EUSÈBE, *Hist. eccl.*, VI, XLI, 11.

(5) *Ibid.*, VIII, I et II.

vie publique de l'Empire, comme, par Clément et Origène, elle a fait son entrée dans la science (1) ».

A la cour, en particulier, les Juifs étaient déjà nombreux et puissants : les chrétiens s'y firent bientôt une place. D'après des légendes sans fondement, Pierre et Paul auraient comparu devant Néron en personne, saint Jean devant Domitien, et leur passage aurait dès lors déterminé de nombreuses conversions. En tout cas, saint Paul parle des chrétiens « de la maison de César » (*Philipp.*, IV, 22) ; ailleurs, de ceux de la maison d'Aristobule et de Narcisse (*Rom.*, XVI, 10-11), qu'il faut sans doute identifier avec les grands personnages de ce nom tout-puissants à la cour de Claude. Sous Domitien, le propre cousin de l'empereur, Flavius Clemens, est chrétien, ainsi que ses enfants qui sont les héritiers présomptifs du trône. Sous Marc-Aurèle, un compagnon de martyre de saint Justin est esclave dans la maison de César, et la célèbre caricature du Palatin, qui est peut-être de la même époque, atteste qu'il y avait des chrétiens parmi les pages impériaux. Sous Commode, saint Irénée signale de nombreux chrétiens à la cour, et la faveur de Marcia obtint du faible empereur la délivrance des chrétiens condamnés aux mines de Sardaigne (2). Tertullien dit qu'il y avait des chrétiens

(1) HARNACK, p. 31.

(2) SAINT IRÉNÉE, IV, XXX, 1 ; *Philosophoumena*, IX, 12.

au palais de Septime-Sévère et que son fils Caracalla eut une nourrice chrétienne (1) ; Alexandre-Sévère voulait élever un temple au Christ (2) ; Philippe l'Arabe était peut-être chrétien lui-même. Valérien se montra d'abord favorable aux chrétiens dont sa cour était pleine, au dire de saint Denys d'Alexandrie ; puis, quand il se fut tourné contre eux, nous le voyons édicter des pénalités spéciales contre les Césariens (3). Sous Dioclétien, les chrétiens remplissent de nouveau la cour de Nicomédie, que les premiers édits ont pour objet d'épurer (4). Les chrétiens abondent, bien entendu, dans l'entourage des empereurs plus libéraux, Constance Chlore et Licinius.

Ceci suffit à prouver que « dès la première heure les chrétiens s'introduisirent à la cour et qu'ils avaient fini, à la longue, par en constituer une partie importante » (p. 40).

L'armée répugnait davantage à l'esprit du Christianisme ; soit à cause de sa douceur évangélique, soit surtout à cause du perpétuel danger d'apostasie qui menaçait les soldats. Aussi les rigoristes estimaient-ils la profession militaire absolument incompatible avec le Christianisme. L'Église fut plus tolérante et n'interdit jamais à

(1) *Lettre à Scapula*, 4.

(2) Lampride, *Alexandre*, 43.

(3) Denys d'Alex. dans Eusèbe, VII, 10 ; Cyprien, *Epître* LXXX

(4) Eusèbe, VIII, I.

ses fidèles d'entrer dans l'armée. Sous Marc-Aurèle, la douzième légion (*fulminata*) comptait un grand nombre de chrétiens (1); elle devait fournir plus tard les quarante martyrs de Sébaste. Tertullien s'efforce vainement de glorifier un soldat qui avait refusé, comme entaché d'idolâtrie, la couronne militaire : de son traité même il ressort que le cas était exceptionnel et fut blâmé par les camarades (2). A Alexandrie, le soldat qui conduit au martyre la vierge Potamienne (202 ou 203) était gagné au Christ ; sous Dèce, tout un peloton qui gardait les fidèles devant le tribunal se trouvait composé de chrétiens (3) — et naturellement on ne les avait pas choisis. La persécution de Dioclétien débute par une épuration en masse de l'armée ; quelques années plus tard, Licinius fit de même avant sa dernière lutte contre Constantin (4). La masse des soldats chrétiens parut demander ces mesures spéciales de sécurité ; mais inversement, elle permit bientôt à Constantin d'arborer la croix sur les étendards.

En résumé, le Christianisme n'a jamais été, à la différence du culte de Mithra, la religion des

(1) Apollinaire et Tertullien, dans Eusèbe, V, 5. Le fait est facile à comprendre, si l'on songe qu'elle se recrutait dans la région de Mélitène déjà fortement christianisée.

(2) Tertullien, *De la couronne du soldat*, I.

(3) Eusèbe, VI, 5, et VI, 41, 22 (d'après Denys d'Alex).

(4) Eusèbe, VII, 1 ; VIII, 4 et X, 8.

camps, et ce n'est pas par les soldats qu'il s'est répandu. Mais les chrétiens furent nombreux à l'armée et, comme ils y étaient plus exposés, on s'explique le nombre considérable des soldats martyrs. Il se trouva aussi un certain nombre d'apostats : à Alexandrie, ils formaient une classe spéciale de pénitents (1).

Les femmes, qui ont joué un si grand rôle dans les églises primitives, devaient être un puissant instrument de propagande. On a vu que les Actes mentionnent beaucoup de femmes converties ; ils parlent comme d'une personnalité importante de Priscille, femme d'Aquila (XVIII, 2 et 26). Saint Paul se préoccupe des mariages mixtes (I *Cor.*, VII, 12), de la tenue des femmes dans les assemblées (*Ibid.*, XI, 5) ; les salutations qui terminent ses épîtres comprennent souvent des noms de femmes : il y en a huit dans l'Epître aux Romains contre dix-huit hommes. De bonne heure il y eut un corps de vierges chrétiennes et de diaconesses : celles-ci sont mentionnées dans la lettre de Pline. Les Apologistes se vantent que la plus humble femme chez les chrétiens parle mieux des choses divines que les plus grands philosophes ; on trouve des femmes à l'école de saint Justin et d'Origène. Parmi les hérétiques, elles

(1) SAINT EPIPHANE, *Hérésie* LXVIII, 2.

jouent le rôle de prophétesses (1), et l'on sait notamment quelle grande place elles occupent dans le mouvement montaniste.

Grand est le nombre des femmes illustres converties ou sympathiques au Christianisme. Citons seulement Domitille, la femme de Flavius Clemens ; Marcia, la favorite de Commode ; Julia Mammæa, mère d'Alexandre-Sévère, qui fit venir auprès d'elle Origène; Sévéra, femme de Philippe, avec qui le même Origène était en correspondance (2) ; enfin, la femme et la fille de Dioclétien étaient gagnées à la foi. Tertullien mentionne comme chrétienne la femme de Claudius Herminianus, gouverneur de Cappadoce (3) ; saint Hippolyte, la femme d'un gouverneur de Syrie qu'il ne nomme pas (4) ; Eusèbe, la femme du préfet de Rome sous Maxence, qui, nouvelle Lucrèce, préféra se donner la mort plutôt que d'être déshonorée (5). Tertullien a composé un traité spécial sur le luxe des femmes riches et l'on sait comment, sous le pape Calliste, se posa la question du mariage des femmes clarissimes. Les persécutions ne firent pas de distinction entre hommes et femmes : c'est pourquoi le nombre des femmes

(1) SAINT IRÉNÉE, I, 13, 2 et 7 ; TERTULLIEN, *Prescription contre les hérétiques*, 41.

(2) EUSÈBE, VI, 21 et 36.

(3) TERTULLIEN, *Lettre à Scapula*, 3.

(4) SAINT HIPPOLYTE, *Commentaire sur Daniel*, IV, 18.

(5) EUSÈBE, VIII, 1.

martyres est relativement si élevé. Le dernier persécuteur, Licinius, avait même jugé bon d'édicter des mesures spéciales à propos du culte et de l'instruction religieuse des femmes (1). Au total, au moins dans les classes élevées, le nombre des femmes gagnées au christianisme fut supérieur à celui des hommes. Le décret de Calliste permet aux femmes nobles qui ne peuvent trouver un époux de leur rang, de contracter une union illégale avec un esclave. Le concile d'Elvire constate que l'abondance des jeunes filles est un prétexte pour les mariages mixtes (*propter copiam puellarum*, can. 15) — ce qui n'empêche pas d'ailleurs le concile de les interdire.

De ce bref aperçu une conclusion ressort évidente, c'est que le Christianisme n'a jamais été la religion d'une caste, mais au contraire que, répandu dans tous les rangs et toutes les classes, il a constitué de bonne heure une véritable puissance sociale.

(1) Eusèbe, *Vie de Constantin*, I, 53.

CHAPITRE III

Expansion géographique.

Il nous reste, pour mesurer la force du Christianisme, à chercher sa diffusion relative dans les diverses parties de l'Empire, à dresser, en un mot, la carte de son expansion territoriale. A ce travail de minutieuse érudition, M. Harnack consacre son dernier chapitre (p. 70-262), mettant en œuvre pour cela, outre les détails épars chez les historiens, les inscriptions chrétiennes malheureusement peu connues ou mal datées et enfin les signatures des évêques, surtout au concile de Nicée (1). Il est bon de se souvenir aussi que nos documents sont rares et fragmentaires, ce qui fait qu'il y avait certainement, dès avant Nicée, des chrétientés et même des évêques dans bien des en-

(1) Le concile est de 325, il est vrai ; mais on peut l'utiliser comme représentant un état de choses plus ancien, puisque le règne de Constantin n'a guère amené, du moins en Orient, la création de nouveaux évêchés.

droits où on ne peut pas en faire la preuve. La remarque est de M. Harnack (p. 70) : plus que jamais nous la faisons nôtre en essayant d'esquisser, d'après ses conclusions, l'histoire du Christianisme dans les provinces.

La Palestine, qui fut le berceau du Christianisme, ne devait pas lui donner un grand développement. En dehors des premières missions racontées par les Actes, nous savons qu'il y eut à Jérusalem une communauté de Juifs convertis, gouvernée d'abord par les Douze, puis par Jacques « frère du Seigneur ». Lors du siège de la ville par Titus, ils émigrèrent au delà du Jourdain, où leurs frères de Galilée et de Samarie ne tardèrent pas à venir les rejoindre — ce qui suppose évidemment un petit nombre. Dans ces régions de Damas et de la Décapole, les Judéo-chrétiens menèrent une vie de plus en plus chétive et oubliée : Justin les estime déjà moins nombreux que les convertis du paganisme ; à peine un siècle plus tard, Origène en évalue le nombre à moins de 144.000 (1). La colonie romaine d'Ælia Capitolina bâtie sur les ruines de Jérusalem n'eut jamais grande importance : elle eut cependant bientôt une communauté de païens convertis, qui reçut un évêque dès 136 ; mais elle ne devait prendre un peu de relief qu'avec l'évêque Alexandre, au

(1) Saint Justin, *Première Apologie*, 53 ; Origène, *Commentaire de saint Jean*, I, i.

début du IIIe siècle. La vie politique et religieuse s'est transportée à Césarée : la population chrétienne y est considérable et le séjour d'Origène devait en faire une seconde Alexandrie ; Eusèbe y mentionne de nombreux martyrs sous Dioclétien et il signale, sans les nommer, les chrétientés dans le voisinage. A Nicée, nous trouvons 18 évêques de Palestine. En revanche, il n'y avait presque pas de chrétiens à Tibériade et dans la région voisine, devenue la citadelle du rabbinisme (1). Il n'y en avait guère davantage au midi de Jérusalem : l'évêque de Gaza réside en dehors de la ville, d'où il gouverne sa petite communauté ; à la fin du IVe siècle, l'évêque Porphyre n'y trouve que 127 chrétiens, cependant qu'aux portes de la ville des villages entiers sont encore païens. Au temps de Julien, Ascalon et Anthédon sont en majorité païennes (2).

D'où il résulte que, le Judaïsme régnant au Nord et le paganisme se maintenant au Midi, on ne saurait parler d'une christianisation effective de la Palestine avant Constantin : encore les efforts de l'empereur y ont-ils rencontré peu de succès. Le Christianisme se répandit surtout dans les villes grecques ; mais, sauf à Césarée, il ne paraît pas y avoir été très puissant.

La situation est à peu près la même en Phéni-

(1) SAINT EPIPHANE, *Hérésie*, XXX, 4 et 11.

(2) EUSÈBE, VIII, 13 ; SOZOMÈNE, VII, 15 ; MARC, *Vie de Porphyre*.

cie. Les Actes parlent de chrétiens à Tyr, à Sidon, à Ptolémaïs ; dès le IIIe siècle, Tyr est une métropole et Eusèbe y compte de nombreux martyrs : la province envoie 11 évêques au concile de Nicée. Mais l'évêque d'Émèse, comme celui de Gaza, doit résider hors de la ville ; Héliopolis reçut de Constantin, après 325, son premier évêque et sa première église ; au IVe siècle, le paganisme y était encore prépondérant (1). En somme, le Christianisme a pénétré dans les villes grecques de la côte ; mais l'intérieur reste en masse païen, et le IIIe siècle paraît même avoir rendu un nouvel élan aux vieux cultes nationaux.

Les pays syriens reçurent l'Évangile dès la première heure : c'est à Antioche que les fidèles reçurent le nom de chrétiens et commencèrent à se soustraire aux usages mosaïques — signes précurseurs du grand rôle que la riche métropole devait jouer dans les premiers siècles. Eusèbe nous a conservé la liste de ses évêques, parmi lesquels le martyr saint Ignace, l'apologiste Théophile, Sérapion dont les écrits sont aujourd'hui perdus. Son école théologique, avec Dorothée et Lucien, est déjà illustre au IIIe siècle. En 251, à propos de la question novatienne, un concile est convoqué à Antioche, où est invité Denys d'Alexandrie et où devaient se réunir des évêques de presque tout

(1) Eusèbe, VIII, 13 ; *Vie de Constantin*, III, 58 ; Théodoret, *Hist. eccl.*, IV, 19.

l'Orient, depuis la Bithynie et le Pont jusqu'à la Mésopotamie (1). A quelque temps de là, le fameux évêque Paul de Samosate peut y prendre les allures d'un prince : des trois synodes réunis pour le condamner, le dernier comptait de 70 à 80 évêques. Ces faits attestent l'importance politique et religieuse de l'Église d'Antioche. Sa population est considérable : vers 320, il y a plusieurs églises dans la ville ; et puisque, au temps de Julien, les chrétiens forment la majorité, puisque saint Jean Chrysostome prêcha dans une ville toute chrétienne, on peut induire que leur nombre était déjà très grand au début du IVe siècle.

La région voisine fut fortement évangélisée : le prêtre Lucien d'Antioche, qui parle de « villes entières » gagnées à la foi, était guidé par les souvenirs de son pays ; Eusèbe nous dit que, dans la dernière persécution, les prisons regorgeaient de membres du clergé (2) ; à Nicée, on compte 20 évêques et 2 chorévêques, à peu près également répartis dans toute la province, ce qui fait croire à une extension uniforme du Christianisme.

Autour d'Antioche, politiquement et religieusement, ont toujours gravité l'île de Chypre et la province de Cilicie. Chypre, évangélisée par Paul

(1) Denys d'Alexandrie dans Eusèbe, vi, 46 et vii, 5.

(2) Eusèbe, viii, 6.

et Barnabé, envoie à Nicée 3 évêques — et ils n'y étaient pas tous : ce qui suppose, dans cette île qui n'était pas très grande, une forte organisation chrétienne. La Cilicie eut les prémices de l'apostolat de saint Paul, à Tarse, sa patrie. Depuis, l'histoire du Christianisme y est peu connue ; mais, au milieu du IIIe siècle, on voit apparaître Hélénus à la tête d'une métropole qui compte de nombreux évêchés. A Nicée, furent présents 5 évêques et 1 chorévêque de Cilicie : c'est une preuve suffisante d'un haut degré de christianisation.

D'Antioche le Christianisme se répandit en Orient, surtout dans l'État indépendant d'Osrhoène. Dès le milieu du IIe siècle, nous y trouvons une littérature chrétienne en langue syriaque ; vers 190, à propos de la question pascale, il y a assez d'évêques pour tenir un concile ; quelques années après, le roi Abgar lui-même est chrétien avec toute sa cour (1). Edesse était peut-être la plus chrétienne des grandes villes avant Constantin. Il y avait aussi des chrétiens à Nisibe et dans les autres villes, qui fournissent cinq évêques au concile de Nicée ; mais à Carrhes, la Lune conserve ses autels et ses adorateurs : Silvia déclare ne pas y avoir rencontré un seul chrétien à la fin du IVe siècle (2). Edesse fut un centre

(1) EUSÈBE, V, 23, 4 ; BARDESANES dans EUSÈBE, *Préparation évangélique*, VI, 10.

(2) *Peregrinatio Silviae*, 20 ; THÉODORET, *Hist. eccl.*, VI, 15.

d'apostolat pour les pays orientaux, pour la Mésopotamie notamment et la Perse, où Denys d'Alexandrie (vers 250) signale des églises et Eusèbe des martyrs. Malheureusement les origines du Christianisme dans l'Empire perse sont incertaines ; mais la sanglante persécution de Sapor, au IVe siècle, permet de supposer une assez grande extension de l'Église dès le IIIe. Les Actes apocryphes de saint Thomas attestent, pour le IIIe siècle, l'existence de communautés chrétiennes au nord-ouest de l'Inde.

Au sud de la Palestine et de la Mésopotamie, dans ce vaste pays peu romanisé qu'on appelait l'Arabie, il y eut seulement quelques chrétientés dans les principales villes. Origène y assiste au moins à deux conciles provinciaux ; auparavant, il avait été défendu lui-même par un concile d'évêques arabes ; vers 240, l'évêque Bérylle de Bostra nous est connu par ses écrits et ses erreurs christologiques (1) ; il y avait à Nicée 6 évêques d'Arabie. Plus tard seulement des efforts furent faits pour atteindre les nomades du désert.

L'histoire de l'église d'Egypte est absolument inconnue jusqu'en 180, époque où elle nous apparaît en pleine vie avec une organisation ecclésiastique complète et sa célèbre école théologique. Pour la période antérieure, on sait seulement que là s'exerça l'activité des gnostiques Basilide et

(1) EUSÈBE, VI, 20 et 37 ; SAINT JÉROME, *Epître* XXXIII, 4.

Valentin. Eusèbe rapporte que saint Marc aurait apporté le Christianisme à Alexandrie et qu'il y aurait fondé « des églises » (1). De ses successeurs, on n'a conservé que les noms. En 202, sous Septime Sévère, le même historien signale des « myriades » de martyrs — le chiffre est évidemment excessif — dans l'Égypte et dans toute la Thébaïde (2). A la fin de sa vie (vers 230), Démétrius réunit des conciles contre Origène. Depuis, la correspondance malheureusement mutilée de saint Denys d'Alexandrie, les nombreux martyrs mentionnés par Eusèbe, les *libelli* d'apostats retrouvés aujourd'hui dans d'infimes villages, le développement du monarchisme, tout atteste que, vers le milieu du IIIe siècle, l'Égypte est un des pays qui comptent le plus de chrétiens. A Nicée, il y eut 22 évêques égyptiens ; en 339, saint Athanase compte 100 évêques en Egypte : il ne devait y en avoir guère moins en 325 (3).

Il est difficile de risquer une statistique de la population chrétienne en Égypte ; mais on peut dire que, depuis longtemps, elle était supérieure au nombre des Juifs et que, au début du IVe siècle, elle devait s'élever à plus d'un million.

(1) EUSÈBE, II, 16. On remarquera ce pluriel : Alexandrie est déjà comme une province.

(2) EUSÈBE, VI, 1 et 2.

(3) *Apologie contre les Ariens*, 1 et 71. Il faut d'ailleurs ne pas oublier qu'en Égypte surtout les listes épiscopales ne donnent qu'une idée très incomplète de la situation du Christianisme ; car on sait que beaucoup d'églises étaient gouvernées par des prêtres et des diacres.

Dans la Pentapole, saint Irénée signale des églises à la fin du IIe siècle au milieu du IIIe, Denys d'Alexandrie y connaît un métropolitain (1), ce qui suppose plusieurs évêchés. Origène signale quelques infiltrations apostoliques chez les premiers Ethiopiens (2).

Plus encore que l'Égypte, l'Asie Mineure est le pays chrétien par excellence. Elle fut dès le premier jour traversée par les apôtres : Pierre et Paul y sont passés ; Jean s'est fixé à Éphèse ; on se souvient en Phrygie des filles de Philippe. Saint Ignace y salue de nombreuses et florissantes communautés : nous y connaissons plus de vingt églises avant Trajan. Dans le Nord, pour la Bithynie, nous avons le témoignage de Pline, qui se plaint de trouver le christianisme répandu jusque dans les campagnes et dans toutes les classes de la société. Au cours du IIe siècle, les documents nous permettent de compter 14 nouvelles villes chrétiennes, et ce chiffre est certainement de beaucoup au-dessous de la réalité. Dans l'Asie proprement dite, Éphèse se prévaut des plus vénérables souvenirs chrétiens, que Polycrate oppose à ceux de Rome lors de la querelle pascale ; Smyrne est illustrée par saint Polycarpe ; Sardes par l'apologiste Méliton. En Phrygie, l'explosion

(1) Dans Eusèbe, VII, 26.

(2) *Série de commentaires de saint Matthieu*, 39.

du Montanisme, vers la fin du IIe siècle, atteste la vitalité de la foi dans ces régions : de nombreux conciles se réunissent pour condamner la nouvelle erreur. Entre 230 et 235, deux synodes tenus à Iconium et à Synnada, à propos du baptême des hérétiques groupent des évêques de toute l'Asie Mineure ; et l'on sait quelle part importante devait prendre à cette querelle, quelques années plus tard, Firmilien, le célèbre métropolitain de Césarée en Cappadoce. En Phrygie et dans les provinces voisines, le Christianisme s'étale ostensiblement dans les inscriptions : Denys d'Alexandrie dit, en parlant de ces régions, qu'elles possèdent « les églises les plus populeuses (1) ». Toujours à cette époque, le merveilleux apostolat de saint Grégoire le Thaumaturge, à Néocésarée dans le Pont, prouve avec quelle rapidité le Christianisme s'implantait dans ces provinces.

Au début du IVe siècle, Nicomédie, la résidence impériale, et la cour elle-même sont remplies de chrétiens ; en Phrygie, une ville entière est chrétienne et tous ses habitants sont mis à mort ; à Amasée dans le Pont, ville de second ordre, on signale plusieurs églises ; enfin Maximin lui-même, dans ses édits de persécution, lorsqu'il constate que « presque tous les hommes » sont passés au Christianisme, est certainement frappé

(1) Dans EUSÈBE, VII, 7.

par les pays qui l'entourent (1). Tous ces faits sont autant de preuves d'une christianisation à peu près complète de l'Asie Mineure. Ces contrées furent représentées par une centaine d'évêques au concile de Nicée ; et le seul fait qu'une province sauvage et reculée comme l'Isaurie pût en envoyer 13 et 4 chorévêques suffit à révéler une extension considérable du Christianisme. Il y avait des évêchés jusque sur l'extrême côte septentrionale du Pont Polémiaque, tout à fait à l'est de la mer Noire, d'où plus tard la foi devait pénétrer chez les peuplades géorgiennes. Enfin, au delà des frontières romaines, fait beaucoup plus important, le royaume indépendant d'Arménie, évangélisé au IIIe siècle par saint Grégoire l'Illuminateur, était officiellement chrétien.

A partir d'ici, il ne faudra plus guère compter sur les signatures du concile de Nicée, où se trouvèrent peu d'évêques occidentaux ; ce qui fait que les renseignements deviennent de plus en plus rares. La péninsule balkanique est spécialement mal connue : la Thrace devait compter de nombreuses églises avant 325 ; les communautés de Corinthe et de Thessalonique furent toujours florissantes ; les autres nous sont peu connues, faute d'hommes éminents. Nous savons cependant par Méliton que l'empereur Antonin adressa des édits aux villes de Thessalonique, d'Athènes et

(1) EUSÈBE, VIII, 2 et IX, 9 *Vie de Constantin*, II, 1, 2.

de Larisse pour interdire les émeutes contre les chrétiens (1), preuve qu'il ne faut pas trop rabaisser le nombre des fidèles dans ces régions. En somme, M. Harnack accepte pour la fin du IIIe siècle le chiffre des évêchés donné par Mgr Duchesne pour une époque postérieure : 3 dans l'Eubée, 1 en Attique, 10 dans la Grèce du Nord, 7 dans le Péloponnèse. Il y avait aussi des chrétiens dans les îles grecques : les évêques de Rhodes, de Cos, de Lemnos et de Corcyre étaient présents à Nicée ; Denys de Corinthe, au IIe siècle, écrivait aux églises de Gortyne et Knosses en Crète ; les inscriptions attestent des chrétiens et des martyrs un peu partout.

Dans les provinces qui longent le Danube : Mésie, Pannonie et Norique, le Christianisme pénétra plus tardivement. Cependant elles fournissent d'assez nombreux martyrs dans la dernière persécution et trois évêques assistèrent au concile de Nicée ; mais Eusèbe remarquait encore de son temps que ces communautés étaient « jeunes » (2). Au delà du Danube, les Goths commencèrent à être évangélisés avant la fin du IIIe siècle par des prisonniers chrétiens qu'ils avaient emmenés, en 258, lors d'une invasion en Cappadoce.

Les débuts de l'Évangile en Occident sont dans une grande obscurité. Rome reçut la foi dès les

(1) Eusèbe, IV, 26.

(2) *Vie de Constantin*, IV, 43.

premiers jours de l'ère apostolique : saint Paul signale dans son sein plusieurs communautés (1); sous Néron, une « grande multitude » de ses fidèles souffrent le martyre ; sous Domitien, elle a gagné des membres de la famille impériale ; en 170, Denys de Corinthe la félicite de sa charité déjà proverbiale (2). Il ressort des Actes de saint Justin qu'un seul lieu de réunion ne suffisait plus pour les fidèles ; bientôt après, le pape Soter, évidemment impressionné par ce qu'il avait sous les yeux, déclare le nombre des chrétiens supérieur à celui des Juifs. Sous Commode, les conversions se multiplient, surtout dans les rangs élevés ; c'est aussi le temps où l'on voit abonder à Rome les écoles théologiques, hérétiques ou orthodoxes. Au milieu du IIIe siècle, le pape Fabien partage la ville en sept régions qu'il confie à autant de diacres ; Dèce se déclare plus effrayé par la présence d'un évêque à Rome que par l'apparition d'un rival. En 251, le pape Corneille écrit que son église compte 155 membres du clergé et qu'elle entretient 1.500 veuves ou pauvres (3), ce qui porte au moins à 30.000 le nombre des fidèles, et peut-être devrait-on dire 50.000, c'est-à-dire entre 3 0/0 et 5 0/0 de la population totale : ces chiffres ont au moins doublé de 251 à 312. Dès

(1) *Rom.*, XVI ; *Philipp.*, IV, 22.

(2) Dans EUSÈBE, IV, 23.

(3) EUSÈBE, VI, 43.

lors, les papes commencent à organiser les titres paroissiaux. Vers 300, au dire de saint Optat, il y avait à Rome plus de quarante basiliques. Enfin Eusèbe rapporte que Maxence, au début de son règne, aurait feint de l'amitié pour les chrétiens afin de plaire au peuple de Rome (1); mais comme le tyran a bientôt changé de conduite, peut-être ne faut-il pas attacher trop d'importance à ce témoignage. On sait d'ailleurs que la masse de l'aristocratie resta longtemps encore païenne.

Pour le sud de l'Italie, nous avons, outre les inscriptions et les actes des martyrs, les signatures de 19 évêques au synode de Rome en 313. Nous savons surtout que le pape Corneille réunit, contre Novatien, en 250-251, un concile auquel prirent part 60 évêques, tous italiens (2). D'où l'on peut sans exagération évaluer à une centaine d'évêchés le domaine patriarcal de l'évêque de Rome en 250. Ce nombre a dû croître notablement dans la suite et l'on peut croire que, au début du IVe siècle, chaque ville quelque peu importante avait son évêque. Il n'en est pas de même dans l'Italie du Nord, où le Christianisme a pénétré tard et lentement. Le premier évêché de Piémont est fondé après le milieu du IVe siècle; au concile de Sardique, en 343, l'évêque de Ravenne est le douzième titulaire de son siège, ce qui permet de

(1) EUSÈBE, VIII, 14.

(2) EUSÈBE, VI, 43.

conclure avec vraisemblance que cet évêché date de la fin du IIe siècle. D'après des indices analogues, le siège de Milan remonterait à la première moitié du IIIe siècle ; celui d'Aquilée, à peine avant la persécution de Dioclétien.

L'Afrique était avec Rome en rapports trop faciles et trop constants pour ne pas en recevoir bientôt l'Évangile. Cependant son histoire nous est absolument inconnue avant les martyres de 180, qui attestent la présence de chrétiens à la fois à Carthage et en Numidie. A la fin du IIe siècle, Tertullien parle de Carthage comme d'une église florissante et il signale des communautés jusqu'en Maurétanie. Au début du IIIe siècle, Agrippinus peut réunir un concile de 70 évêques ; sous Donatus, le prédécesseur de saint Cyprien (1), nouveau concile à Lambèse, qui groupe 90 évêques. Cyprien lui-même a les allures et l'influence d'un homme d'Etat : il gagne de nombreux prosélytes et, sous Dèce, les apostasies se comptent par milliers ; son église est assez riche et populeuse pour lui fournir dans une seule souscription la somme de 100.000 sesterces (de 20 à 25.000 francs) (2). A propos de la controverse sur le baptême des hérétiques, plusieurs synodes réunissent de nombreux évêques ; pour le concile de 256-257, nous avons le nom de 87 évêques avec leurs sièges, qui s'é-

(1) SAINT CYPRIEN, *Epître* LXXI et LIX, 10.

(2) SAINT CYPRIEN, *Épître* LXII.

chelonnent dans toutes les provinces, moins nombreux seulement en Maurétanie. Il ne faut d'ailleurs pas oublier que les adversaires n'étaient pas présents — et ils étaient un grand nombre *(plurimi)* au dire de saint Cyprien — ce qui permet d'admettre environ 150 évêchés. Jusqu'en 303, le nombre des chrétiens en Afrique suit une progression géométrique : la persécution de Dioclétien y fit un grand nombre de martyrs et d'apostats ; au temps de Constantin et du schisme donatiste, le Christianisme était la religion de l'Afrique (1) et ne devait pas compter moins de 250 évêques. Seule l'Asie Mineure peut être comparée à l'Afrique pour l'extension et la densité du développement chrétien.

L'origine de l'église d'Espagne est aussi peu connue que celle d'Afrique. Au cours du IIe siècle, saint Irénée et Tertullien y signalent des chrétientés, sans autre indication ; plus tard, saint Cyprien nomme les communautés de Léon, Astorga, Mérida, Saragosse et parle d'un synode des évêques espagnols ; les Actes des martyrs nous montrent des chrétiens dans les principales villes. Pour compléter ces renseignements, nous avons les actes du concile d'Elvire (303), signés par 19 évêques et de nombreux prêtres répartis dans toutes les provinces, et dont les décrets révèlent une vie chrétienne très intense.

(1) Edit de Constantin rapporté par EUSÈBE, x, 5, 18.

En Gaule, la partie méridionale et la vallée du Rhône durent recevoir la foi au plus tard vers le milieu du IIe siècle : on peut l'induire pour Marseille ; on en est sûr pour Vienne et Lyon, grâce à la précieuse lettre que ces églises adressent à leurs frères d'Asie lors de la persécution de 177. D'ailleurs la communauté devait être petite, puisqu'on ne mentionne que 49 victimes et que l'on pouvait, en appendice, joindre la liste des survivants aujourd'hui perdue. Un peu plus tard, saint Irénée signale des chrétiens parmi les Celtes ; abstraction faite des légendes sans autorité, il devait y avoir, dès cette époque, des chrétiens dans les grandes villes, qui d'ailleurs étaient rares en Gaule. A propos de la querelle pascale, d'après Eusèbe, saint Irénée aurait réuni en synode les évêques dont il était le chef (1) : M. Harnack se donne ici le luxe d'être plus conservateur que Mgr Duchesne, en admettant dès la fin du IIe siècle l'existence de plusieurs évêchés (p. 226). Dans la suite, les progrès furent lents : la passion de saint Saturnin parle d'une « marche tardive » de l'Évangile et elle ne connaît que de « rares églises, qui groupent dans quelques villes des chrétiens peu nombreux ».

Dans l'Ouest et le Nord, le Christianisme ne s'est guère répandu qu'au IVe siècle, grâce surtout à l'apostolat de saint Martin : Tours n'avait pas

(1) Eusèbe, v, 23.

d'église avant Constance ; Trèves n'est érigé en évêché qu'à la fin du IIIe siècle, et encore jusqu'en 366 une seule église suffisait à contenir les membres de la petite communauté (1) ; pendant tout le IVe siècle, la ville est encore en majorité païenne. Et ce qui est dit de Trèves vaut pour la Gaule entière (excepté le Midi et la vallée du Rhône), où le Christianisme n'a régné en maître qu'à partir du Ve siècle. Cependant, dès la fin du IVe siècle, d'après surtout les conciles d'Arles (316) et de Rome (313), nous connaissons l'existence de vingt évêchés : dans la Narbonnaise, Vienne, Arles, Marseille, Vaison, Nice, Orange, Apt, Toulouse ; dans la Lyonnaise : Lyon, Autun, Rouen, Die, Paris, Sens ; dans l'Aquitaine : Bordeaux, Eauze, Mende, Bourges ; dans la Belgique : Trèves, Reims. Il résulte aussi des travaux de Mgr Duchesne qu'il y avait des chrétientés dans vingt-deux autres villes (2), mais dans la plupart sans doute pas encore d'évêques. Cependant, puisqu'une petite ville comme Die avait son évêque, il faut croire que les sièges épiscopaux étaient déjà plus nombreux que les documents ne nous permettent de le démontrer. Le fait aussi que Constantin, dans son dernier séjour en Gaule, ait été impressionné et finalement converti par

(1) SAINT ATHANASE, *Apologie à Constance*, 15.

(2) Ce sont Angers, Auxerre, Beauvais, Châlons, Chartres, Clermont, Digne, Embrun, Grenoble, Langres, Limoges, Metz, Nantes, Narbonne, Noyon, Orléans, Senlis, Soissons, Toul, Troyes, Verdun, Viviers.

le Christianisme nous avertit de n'en pas trop diminuer l'importance.

Saint Irénée signale des églises en Germanie, sans autre indication de lieu. Nous savons seulement que l'évêque de Cologne assistait aux deux conciles de Rome et d'Arles ; mais sa communauté devait être chétive, puisque, en 355, elle n'avait encore qu'une seule petite église (1). Dans la Germanie inférieure, peut-être l'évêché de Tongres est-il antérieur à Constantin ; dans la Germanie supérieure, nous n'en trouvons pas un ; en Rhétie, des communautés sont attestées à Augsbourg et à Ratisbonne. Mais dans un recensement des provinces ecclésiastiques fait par saint Athanase, la Germanie n'est pas nommée (2). Il y avait aussi peu de chrétiens en Angleterre : peut-être quelques missionnaires y avaient-ils pénétré vers la fin du IIe siècle ; nous connaissons des martyrs sous Dioclétien et trois évêques anglais présents au concile d'Arles. Mais il faut attendre le IVe siècle pour que le Christianisme pénètre en masse dans la Grande-Bretagne.

Il est donc clair que le Christianisme est inégalement réparti dans les provinces ; mais on le trouve partout. Cette universalité ressort davantage encore si on la compare à l'extension du

(1) AMMIEN MARCELLIN, XV, 5, 31.

(2) SAINT ATHANASE, *Apologie contre les Ariens*, I. Mais, au temps de saint Hilaire (358-359), l'organisation ecclésiastique est déjà terminée en Germanie.

culte de Mithra (1). M. Harnack adopte ici les conclusions de M. Franz Cumont, d'où il ressort que le mithracisme resta toujours à peu près nul en Orient et que, s'il fit en Occident des progrès rapides et considérables, ce fut surtout dans les confins militaires de l'Empire. La faveur même des empereurs du IIIe siècle, qui voulurent en faire comme un abri commun pour tous les cultes défaillants du paganisme, ne devait lui assurer qu'un éclat factice et éphémère. Ainsi le culte de Mithra, même élevé au rang de religion officielle, n'a jamais été et ne pouvait pas être un rival sérieux pour le Christianisme.

***

Dans les textes et les faits précédemment analysés peut-on trouver les éléments d'une statistique ? M. Harnack ne le pense pas, d'autant qu'on est insuffisamment fixé sur la population de l'Empire au commencement du IVe siècle. Aussi bien les évaluations risquées par les divers auteurs divergent considérablement : les uns évaluent le nombre des chrétiens à un douzième ou seulement à un vingtième de la population totale, tandis que d'autres parlent d'un cinquième ou même de la moitié.

(1) Harnack, p. 270-276. On peut négliger la propagande, d'ailleurs mal connue, des sectes hérétiques, qui exerçaient plutôt leur apostolat auprès des chrétiens déjà convertis. *Ibid.*, p. 262-266.

Mais, à défaut de chiffres, on peut du moins essayer d'une classification des provinces par rapport au nombre de leurs chrétiens. M. Harnack les partage en quatre groupes.

Le premier comprend les provinces où le Christianisme comptait près de la moitié des habitants et formait la religion dominante : ce sont l'Asie Mineure actuelle, la partie sud de la Thrace, l'île de Chypre, l'Arménie, la ville et le territoire d'Edesse. Le deuxième groupe se compose des provinces où le Christianisme a gagné une partie notable de la population, où il exerce une influence sur l'élite dirigeante et peut rivaliser avec les autres religions : ce sont Antioche et la Célé-Syrie, l'Egypte et la Thébaïde, surtout Alexandrie, Rome avec des parties de l'Italie centrale et méridionale, l'Afrique proconsulaire et la Numidie, l'Espagne, les principales parties de la Grèce et la côte méridionale de la Gaule.

Un troisième groupe embrasse les provinces où le Christianisme était peu répandu, c'est-à-dire la Palestine, la Phénicie, l'Arabie, quelques districts de la Mésopotamie, l'intérieur de la Péninsule grecque avec les provinces danubiennes, le nord et l'est de l'Italie, la Maurétanie et la Tripolitaine.

Enfin un quatrième groupe comprendrait les provinces et pays où le Christianisme est tout à fait clairsemé ou n'existe pour ainsi dire pas : ce sont les villes de l'ancienne Philistie, les côtes nord et nord-ouest de la mer Noire, l'ouest de la haute Italie, le centre et le Nord de la Gaule, la Belgique, la Germanie et la Rhétie, peut-être aussi la Bretagne et le Norique.

On remarque aisément qu'il y a une grande différence pour le degré d'évangélisation entre l'Orient et l'Occident. Mais, à considérer l'ensemble, il n'est pas douteux que le Christianisme a pris une extension puissante ; et comme il n'est pas restreint à une classe de la société, comme il a pénétré à la fois les villes et les campagnes, il s'impose comme un facteur important de l'Empire. On admet généralement qu'il y avait 1.800 évêchés à la fin du règne de Constantin ; ce nombre un peu réduit peut représenter l'état de l'Eglise au commencement du IVe siècle : on ne se tromperait guère en supposant pour cette époque de 8 à 900 évêchés en Orient et de 6 à 700, en Occident. D'où il suit que le triomphe de l'Église était déjà virtuellement accompli et que Constantin n'a fait que le reconnaître (1).

Telles sont les conclusions de M. Harnack sur la propagation du Christianisme. Quoi qu'il en soit de certains détails qu'on pourrait discuter, il est facile de voir qu'elles coïncident dans l'ensemble avec celles de M. Paul Allard (2). Il en

(1) HARNACK, p. 276-285.

(2) *Dix leçons sur le martyre*. Première et deuxième leçons, p. 10-72 (Paris 1905).

résulte qu'on peut regarder les faits ainsi établis comme incontestables : en les acceptant, nous serons donc à égale distance entre les négations tendancieuses et les affirmations intéressées, sur le terrain ferme de la vérité historique.

DEUXIÈME PARTIE

LES CAUSES

Après avoir suivi la propagation du Christianisme dans l'histoire et relevé les principaux traits qui caractérisent la rapidité, la puissance et l'étendue de son développement, il nous reste, pour être fixés sur la valeur du fait, à en rechercher les causes. C'est l'objet, dans l'ouvrage de M. Harnack, des deux premiers livres et de quelques fragments du troisième. L'idée qui s'en dégage est celle-ci : étant donné l'état intellectuel et social de l'Empire au Ier siècle et, d'autre part, l'admirable fécondité de la religion chrétienne, le succès du christianisme était normal, tant il y avait, entre la doctrine et le milieu, d'adaptation et d'harmonie.

Le savant auteur consacre à développer cette thèse toutes les ressources d'une érudition aussi pénétrante qu'informée et un rare talent d'exposition ; mais on comprend sans peine comment un pareil essai de philosophie de l'histoire est presque fatalement destiné — toute question de loyauté étant d'ailleurs mise à part — à comporter au moins autant d'appréciation subjective que de données scientifiques. Facilement l'esprit de système risque de fausser la vue sereine des faits et le philosophe, en un mot, de faire tort à l'historien.

C'est ce qui est arrivé à M. Harnack plus d'une fois : aussi bien les critiques sérieux ont-ils dû faire, sur cette partie de son œuvre, d'importantes réserves que nous ne manquerons pas d'indiquer à notre tour. Dans l'ensemble cependant, il semble bien que nous soyons en présence d'une synthèse historique à la fois puissante et fidèle. En tout cas, nous gagnerons à connaître le système tel quel, à cause de l'hommage qu'il rend à la vitalité du Christianisme ; il sera facile d'apercevoir ensuite les postulats qu'il suppose et les lacunes qu'il révèle. Et peut-être, en définitive, dans cet exposé impartial comme dans les rectifications qu'il suggère, notre apologétique arrivera-t-elle à trouver son compte.

CHAPITRE PREMIER

Le Milieu.

Le Christianisme, né en terre juive, ne devait pas y prendre racine ; mais il fut, dès la première heure, transplanté sur le sol gréco-romain, où il se développa rapidement. A première vue, et pour un regard superficiel, rien ne semble moins propre au Christianisme que cette société païenne et corrompue ; cependant diverses causes préparaient le terrain à l'influence chrétienne (1), dont la première est le Judaïsme.

Depuis longtemps le Judaïsme était sorti des limites étroites de la Palestine pour se répandre dans le monde païen. Dès le temps de Sylla, Strabon trouve des Juifs dans toutes les villes et provinces (2) ; plus tard, Sénèque se plaint de voir le monde entier envahi par cette race scélé-

(1) Harnack, t. I, p. 1-72.

(2) Strabon cité par Josèphe, *Antiquités*, xiv, 7.

rate (1). Ils formaient des masses compactes en Mésopotamie ; en Syrie, ils étaient aussi très nombreux. Ils n'étaient pas moins d'un million en Égypte, au dire de Philon, c'est-à-dire à peu près 13 0/0 de la population. A Alexandrie, ils remplissaient deux quartiers de la ville sur cinq. A Rome, quatre ans avant notre ère, 8.000 Juifs accompagnent auprès de l'empereur une députation de leurs frères de Palestine ; quelque temps après, Tibère chasse les Juifs de la ville et déporte en Sardaigne 4.000 hommes en état de porter les armes (2), ce qui suppose une population juive d'au moins 10.000 âmes. En tout, il devait y avoir, au Ier siècle, de quatre à quatre millions et demi de Juifs, à peu près 7 0/0 de la population de l'Empire.

Or, en même temps que leur génie des affaires, les Juifs avaient apporté dans le monde leur religion. C'est un fait depuis longtemps constaté que, par suite de l'éloignement du temple et du contact avec la société païenne, les Juifs, sans rien perdre de leur intransigeance hautaine, s'efforçaient de simplifier leurs observances et de recruter des prosélytes. Ainsi déchargé du formalisme légal et réduit à la prédication du Dieu unique, créateur et juge, le Judaïsme se présentait

(1) Sénèque cité par Saint Augustin, *Cité de Dieu*, VI, xi.

(2) Le fait est rapporté par Josèphe, *Antiquités*, xviii, 3, 5, et par Tacite, *Annales*, II, 85.

au monde, par opposition à l'idolâtrie ambiante, avec les attraits d'un monothéisme élevé et d'une morale pure (1). Les esprits superficiels ne voyaient dans les Juifs que des athées ; mais les penseurs attentifs découvraient chez eux la religion philosophique. Cette propagande trouvait seulement un obstacle dans le caractère essentiellement national du Judaïsme. Aussi les païens vraiment convertis furent-ils sans doute rares ; mais grand était le nombre des âmes « craignant Dieu » qui s'inspiraient, à des degrés divers, de la doctrine et de la morale juives.

La primitive Église ne vit dans les Juifs que des adversaires acharnés et perfides, et, de fait, on les retrouve à l'origine de la plupart des persécutions. Mais ceci ne doit pas nous faire oublier que, pour les chrétiens, les Juifs avaient été des précurseurs et par là de précieux auxiliaires.

Le monde païen lui-même n'était pas sans offrir au Christianisme de très avantageuses prédispositions. L'hellénisme, partout répandu comme la plus haute forme de civilisation, avait créé une certaine unité de langue et d'idées ; l'Empire avait réalisé l'unité politique : le terrain était prêt pour une Église universelle. Comme conséquence, c'était la paix indispensable à la propa-

(1) M. Harnack considère comme capital à cet égard, dans sa simplicité, le fait rapporté par SAINT MARC, XI, 28-34 : il y voit un cas typique de la « réduction » du Judaïsme à ses traits essentiels.

gande religieuse, la facilité des communications et l'unification sociale : d'Antioche à Cadix, d'Alexandrie à Bordeaux, le marchand, le soldat, le professeur étaient partout chez eux (1). Avec l'unité de l'Empire se développe aussi l'idée de l'essentielle unité du genre humain ; l'humanité apparaît au-dessus des nationalités jalouses, le droit romain devient le droit des gens. En même temps, la vieille société se décompose par le mélange des classes et des biens. La politique romaine laissait d'ailleurs les diverses religions vivre avec une suffisante liberté ; le droit d'association leur permettait une organisation facile. Vers la même époque aussi, on vit se répandre dans l'empire des religions syriennes et persanes, qui offraient quelques traits de ressemblance avec le Christianisme : ce qu'elles lui enlevèrent comme nombre de fidèles, elles le compensaient largement par les nouveaux besoins religieux qu'elles excitaient dans les âmes et que seul le Christianisme devait satisfaire. Enfin, pour diverses raisons, les sciences exactes étaient en discrédit et les esprits s'habituaient à attendre d'une révélation leur philosophie religieuse.

Ces diverses causes, politiques, intellectuelles et sociales, avaient introduit dans le vieux monde une véritable révolution, qui tendait à élargir les

(1) Origène signale déjà ce rôle providentiel de l'Empire (*Contre Celse*, II, 30), que devait célébrer Bossuet.

cadres étroits et à fondre toutes les divisions dans l'unité gréco-romaine : cette révolution allait être éminemment favorable à la propagande chrétienne.

L'intérieur des âmes, en matière religieuse, était encore plus profondément transformé. D'un côté, le paganisme officiel tombait visiblement en décrépitude : sans être tout à fait ruiné, il était déjà sapé par des forces rivales. La multitude des religions qui l'avaient envahi depuis la conquête tendaient à le dissoudre, et l'unité qu'on s'efforçait de lui maintenir par le culte impérial ou le culte du soleil était trop extérieure pour n'être pas éphémère. De plus, la philosophie et la morale s'élevaient contre lui en dénonçant l'absurdité ou la grossièreté de ses légendes. Il ne restait plus qu'une religion d'Etat, chaotique et vieillie, qui ne pouvait pas offrir beaucoup de résistance.

En même temps on constate un réveil du sentiment religieux dans les âmes, qui aboutit d'abord à ranimer les cultes nationaux, à restaurer les pratiques traditionnelles, à relever un peu partout les oracles et les sanctuaires. Mais surtout, par suite du mélange des civilisations et du progrès de la pensée, un échange travaillait à se faire entre les philosophies orientales et l'antique sagesse grecque. De ce travail allait sortir un renouveau pour les vieilles croyances sous la forme d'un syncrétisme religieux dont les systêmes gnostiques nous fournissent un spécimen. Les mythes traditionnels sont conservés ; mais interprétés et épurés, harmonisés aussi, vivifiés par des idées plus hautes, parmi lesquelles, au moins à titre de tendance commune sinon de principe, on peut distinguer les traits suivants.

On établit une séparation nette entre le corps et l'âme avec tendance à reconnaître à celle-ci une origine et une destinée supra-terrestres ; une séparation aussi entre Dieu et le monde. Comme conséquence, c'est une idée de plus en plus transcendante de Dieu, qui apparaît comme l'être grand et bon, comme le principe invisible, et incompréhensible de toutes choses ; c'est aussi la dépréciation du monde et de la chair, avec qui tout contact est considéré comme une humiliation et une souillure. Comme pourtant l'homme s'y sent engagé, il aspire à une rédemption, qui sera pour lui un affranchissement du monde, de la chair et de la mort, et le ramènera vers Dieu par degrés, comme il s'en est écarté. Cette libération implique à la fois un double élément, intellectuel et moral : la science qui éclaire et l'expiation qui purifie. On a même vaguement confiance que la rédemption ou le rédempteur est proche, soit d'ailleurs qu'on le voie dans une des religions antiques, dans une personnalité mystérieuse ou dans les forces natives de l'âme. On est convaincu encore que les moyens de salut doivent se traduire en instruments visibles, en réalités matérielles qui soient des agents efficaces de vie divine. Tout cela se résume dans cette idée plus générale que la connaissance religieuse et la sanctification de l'âme sont affaire individuelle, indépendante de la vie politique et sociale, et que chacun les doit réaliser par un effort personnel qui aille jusqu'à l'ascétisme. Tels sont les principes directeurs de cette philosophie syncrétiste : on voit aisément dans quelle large mesure ils coïncident avec les éléments fondamentaux du Christianisme.

Voilà dans quelles conditions la jeune religion abordait le monde païen. « Dans son opposition au polythéisme, elle puisait cette énergie d'antithèse et cette puissance d'exclusive dont toute religion indépendante a besoin et qui la rend forte. Dans le syncrétisme, c'est-à-dire dans tout ce qui méritait alors le nom de religion, elle avait, sans le savoir, un allié secret (1) ».

Comment le Christianisme pénétra-t-il dans ce milieu ainsi préparé ? D'après M. Harnack, Jésus lui-même, bien loin d'avoir ordonné l'évangélisation des païens, ne l'a pas même entrevue et il n'a pas envisagé pour sa doctrine d'autre horizon que celui du vieil Israël. Seulement, en protestant contre tous les formalismes et proclamant l'amour

(1) P. 31. M Harnack remarque au même endroit que cette philosophie, monothéiste dans son fond, s'accordait fort bien avec le polythéisme par son système des éons et des dieux subalternes.

du Père comme principale doctrine, il avait fondé la religion universelle. Son esprit, plus fort que la lettre de ses paroles, par une sorte de force vitale immanente et spontanée, allait pousser les Apôtres à la conquête du monde (1).

Ils commencèrent par prêcher aux Juifs et les premiers convertis s'associaient plus étroitement que jamais au Judaïsme. Bientôt cependant on se mit à prêcher aux gentils : ces débuts de la mission païenne ne sont pas clairs, mais Paul ne fut certainement pas le premier à la tenter. On peut croire que la transition fut insensible et que le mouvement s'accentua dans la suite par la force des choses et les persécutions même des Juifs. Etienne proclame déjà la déchéance du temple et du vieux Mosaïsme ; le diacre Philippe et Pierre lui-même baptisent des prosélytes. Ce ne sont encore là que des cas isolés ; mais bientôt, à Antioche, de vrais païens se sont convertis, qui commencent à se soustraire aux observances légales. Paul allait activer ce mouvement par la puissante activité de son apostolat et sa haute doctrine théologique : avec lui le Judaïsme est décidément périmé ; le Christianisme est la religion universelle ; l'évangélisation des païens n'est

(1) Cet exposé, manifestement systématique et faux, tient dans six pages (p. 31-37). Il a été très bien réfuté par M. de Grandmaison, *Etudes* du 20 août 1903, p. 459-471 ; par Mgr Batiffol, *Bulletin de littérature ecclésiastique*, janvier 1904, p. 54-61 et plus récemment dans son *Enseignement de Jésus*, p. 171-181. Cf. Jacquier, *loc. cit.*, p. 291.

plus seulement un droit, elle devient un devoir. Et d'ailleurs Paul a été suivi dans cette voie par Pierre, comme aussi peut-être par tel ou tel des premiers apôtres (1). Aussi, tandis que les judéo-chrétiens, qui s'obstinent à observer la loi, commencent à s'étioler et finissent par disparaître, également suspectés des chrétiens et des Juifs, l'Eglise se recrute de plus en plus largement parmi les païens.

« Quelle preuve de force, s'écrie M. Harnack, cette religion a ainsi donnée dès sa plus tendre enfance ! « Sors de ta patrie et de ta parenté pour « aller dans le pays que je te montrerai, et je « ferai de toi un grand peuple. » L'Islam, né en Arabie, est toujours resté une religion arabe : la force de sa jeunesse fut aussi celle de son âge mûr. La religion chrétienne, au contraire, presque immédiatement après sa naissance, a été chassée du peuple qui était le sien : elle devait apprendre ainsi, dès la première heure, à distinguer entre le noyau et l'écorce (2). »

Ainsi l'histoire découvre, d'une part, les besoins religieux qui travaillaient le monde gréco-

(1) On a fait justement remarquer combien ces pages de M. Harnarck marquent un progrès sur la critique étroite et partiale de l'école de Tubingue. Cf. PAUL LEJAY, *Revue d'histoire et de littérature religieuses*, mai-juin 1905, p. 323.

(2) HARNACK, p. 56. Cf. p. 60-61. Le principal agent de cette expansion fut saint Paul, qui, avec une infatigable activité, sema l'Evangile à travers les pays barbares, grecs et latins, en Asie Mineure et en Grèce, à Rome et peut-être jusqu'en Espagne.

romain ; d'autre part, elle constate que le Christianisme s'y est vite transporté et rapidement développé. N'est-ce pas une preuve qu'ils étaient faits l'un pour l'autre ?

CHAPITRE II

La Doctrine chrétienne.

Si de l'extérieur les conditions paraissent favorables à la propagation de la nouvelle religion, elle-même se présente avec de très avantageux caractères. Le sol était bien préparé : la doctrine chrétienne y fut jetée comme un germe fécond.

« D'un côté, elle était si simple qu'on pouvait la résumer en quelques courtes formules, la vivre dans une seule grande émotion ; de l'autre, elle était assez complexe et riche pour féconder toutes les pensées, pour vivifier tous les sentiments. Presque dès le commencement, elle pouvait rivaliser avec toute recherche du bien et de l'héroïsme moral, comme aussi avec toutes les spéculations et tous les mystères. Elle était ancienne et nouvelle, transcendante et terrestre à la fois ; elle était claire jusqu'à la transparence et, en retour, pleine de mystérieuses profondeurs ; elle était bien réglémentée et en même temps élevée au-dessus de toutes les lois ; elle était une doctrine et plus qu'une doctrine, une philosophie et autre chose pourtant qu'une philosophie. On a dit du catholicisme occidental qu'il est, dans l'ensemble, la synthèse des contraires (*complexio oppositorum*) : cela est vrai aussi du Christianisme dès ses premiers débuts (p. 73). » Cette variété d'aspects, outre qu'elle atteste la richesse du Christianisme, lui permit de s'adapter à chaque âme suivant ses goûts. Voilà pourquoi, à considérer successivement ces divers côtés, on peut découvrir le secret de son attraction et la raison de son succès.

La religion chrétienne s'est présentée au monde avec une doctrine religieuse d'une extrême simplicité (1). Nous la trouvons résumée dans une phrase de saint Paul : « Vous avez abandonné les idoles pour passer au service du Dieu vivant et véritable et pour attendre du ciel son Fils Jésus qu'il a ressuscité des morts et qui nous sauve de la colère à venir » (I *Thess.*, I, 9-10). Le Dieu vivant et véritable qui mérite tous les hommages ; Jésus-Christ Seigneur et Sauveur, fondement de la foi et de l'espérance : voilà le thème simple et inépuisablement fécond de la prédication chrétienne.

Au lieu des froides divinités du paganisme ou de ses grossières idoles, les chrétiens annoncent

(1) Livre II, ch. I, p. 74-87. A partir d'ici nous ne suivrons plus le plan de M. Harnack, qui nous paraît plutôt une énumération descriptive qu'une classification logique. Les références permettront au lecteur de se retrouver dans cette œuvre touffue.

un Dieu unique, créateur du monde, maître tout-puissant des hommes, arbitre souverain de l'histoire. Et d'ailleurs ce n'est plus le Dieu national des Juifs : il n'est lié à aucune race ni à aucun peuple : il est le Dieu de toutes les âmes qui veulent le servir en esprit et en vérité ; il est aussi le Père qui demande et mérite l'amour. Les chrétiens prêchent encore en première ligne Jésus-Christ descendu du ciel pour révéler Dieu aux hommes, qui a passé en faisant le bien, qui est mort pour les péchés, qui siège à la droite du Père en attendant le jugement. Les âmes simples n'en savaient pas davantage ; mais il est aisé de voir comment ces quelques principes contenaient le germe de la plus haute sagesse.

La seule prédication de ces doctrines marquait une opposition nette avec le polythéisme et l'idolâtrie : le Christianisme y ajouta de plus une critique directe et une lutte à mort (1). Mais il ne faut pas oublier que les philosophes l'avaient précédé dans cette voie et que, chez beaucoup d'âmes, le paganisme était déjà discrédité : les chrétiens avaient ici beau jeu à se faire les avocats du bon sens et du sens moral. Ils combattirent de même la divinisation des hommes, pratiquement réalisée sous la forme du culte des Césars (2). Car les chrétiens sont de loyaux

(1) Livre II, ch. IX, p. 242-250.
(2) En bon protestant, M. Harnack entend bien d'ailleurs que l'idolâtrie a reparu dans l'Église, dès le IIIe siècle, avec le culte des saints, p. 250-251.

sujets : ils paient les impôts et respectent la loi ; ils prient même pour l'empereur ; mais ils refusent de l'adorer. C'est la gloire du Christianisme d'avoir à jamais détruit cette religion politique, cette identité de Dieu et de l'Etat, qui était la conception de l'ancien monde.

Dans tout cela il y avait une part incontestable de nouveauté. Mais il ne faudrait pas croire que cette prédication du vrai Dieu fût de nature à éloigner beaucoup d'esprits ; ce serait plutôt le contraire. Car les meilleures âmes du paganisme y trouvaient réalisé avec une splendide certitude ce qu'elles n'avaient jusque-là que vaguement entrevu.

Par rapport au prochain, le Christianisme se donna comme « l'Évangile de l'amour et de l'assistance » (1). Après l'amour de Dieu, l'amour du prochain est le plus grand commandement. Les chrétiens sont frères en Jésus-Christ et frères entre eux : de là découle la loi du pardon, de la miséricorde et du dévouement. L'amour effectif qui se met au service du prochain est le moyen de prouver son amour pour Dieu. Voilà comment, par ce qu'il a de profondément individuel, l'Évangile est aussi éminemment social, chacun étant tout entier au service de ses frères : dans ces communautés où chacun portait le fardeau des autres, avec raison l'Apôtre saluait l'humanité

(1) Livre II, ch. IV, p. 127-133.

nouvelle. Aussi tous les textes recommandent à l'envi la charité pour le prochain : « La langue nouvelle mise sur les lèvres des chrétiens était la langue de l'amour (1). » Et ce ne furent pas seulement de vaines paroles : nous verrons bientôt par quelles œuvres elles devaient se traduire.

A l'individu le Christianisme s'est offert comme « l'Évangile du salut et de la guérison » (2). C'est le sens de tout le ministère de Jésus-Christ : il a guéri les malades, il a appelé à lui les affligés et les pécheurs ; médecin des corps et des âmes : telle pourrait être la devise de toute sa vie.

Sa mort même continue et parachève cette œuvre salutaire, parce qu'elle enseigne aux hommes que la souffrance du juste est le salut du monde. Voilà pourquoi Jésus fut avant tout prêché comme « Sauveur » : plus encore, on peut dire que ce point de doctrine fut la foi vivante des disciples, qui la communiquèrent au monde avec toute l'ardeur de leurs âmes passionnées. Or, les antiques religions étaient dures pour l'humaine misère : les malades et les pécheurs étaient exclus du culte sacré, et la divinité austère n'admettait à ses autels que des serviteurs purs. Mais à l'époque où nous sommes, les sentiments sont en train de changer : la double influence de la philosophie et des religions orientales a attiré

(1) *Ibid.*, p. 128. Le nom même de « frères », que les chrétiens se donnaient, atteste leur charité. *Ibid.*, p. 340-341.
(2) Livre II, ch. II, p. 87-104.

l'attention sur les misères de l'homme et partout les âmes sont avides de guérison. Nous en avons un frappant témoignage dans le culte d'Esculape qu'on voit se répandre, aux IIe et IIIe siècles, sous le nom de « Dieu sauveur ». On courait en foule à ses temples ; on l'invoquait dans les maladies du corps et de l'âme ; on le comblait des plus riches présents ; on lui consacrait sa vie : Celse assure même que des miracles s'accomplissaient dans ses sanctuaires (1).

Le Christianisme est entré dans ce monde avide de guérison et il s'est donné comme la religion du salut. Pour tous les prédicateurs chrétiens comme pour saint Paul, les hommes sont des malades, gravement atteints par le péché qui les destine à la mort éternelle. Mais de ce mal implacable ils annoncent la guérison : le baptême est un bain salutaire qui donne une vie nouvelle et assure à ceux qui lui sont fidèles la bienheureuse immortalité. « Le monde payen comprit cela. Il comprit quand on lui promettait d'être heureux et immortel comme les dieux. Mais la plupart comprirent aussi, comme une condition fort juste, qu'il fallait se soumettre à une cure religieuse, parce que l'âme doit être d'abord pure et sainte avant de pouvoir être immortelle. C'est ainsi qu'ils saisi-

(1) Dans Origène, *Contre Celse*, III, 3 et 24. Apollon et Jupiter jouaient aussi un rôle analogue : on ne pouvait plus être dieu sans être en même temps sauveur. Harnack, p. 92.

rent le message du grand médecin qui prêche la continence et promet la vie. Et quiconque avait reçu un rayon de la force et de la lumière de cette vie nouvelle se prenait à considérer sa vie antérieure comme aveuglement, maladie ou mort. » Vers cette cure des âmes, l'Eglise dirigeait tous ses enseignements et tous ses rites : elle se donnait, conclut M. Harnack en une étrange mais expressive formule, « comme la grande clinique, comme le lazaret de l'humanité » (p. 95 et 96).

Aussi comparer les péchés et les passions à des maladies, Jésus-Christ ou ses ministres à des médecins, les préceptes chrétiens et les sacrements à des remèdes, est pour ainsi dire un lieu commun de la littérature chrétienne primitive. Il faudrait ajouter ici que cette théorie recevait une application quotidienne dans les soins que l'Église prenait pour le soulagement des maladies corporelles : nous y reviendrons ; mais ceci suffit sans doute à montrer quelle supériorité le Christianisme avait de ce chef sur les autres cultes et quel attrait il dut exercer sur les âmes. M. Harnack estime cependant qu'il y avait, dans cette espèce de pessimisme continu, danger d'abolir le sens esthétique, peut-être même de compromettre le sens moral. Heureusement, dit-il, cette tendance fut compensée par ce sentiment de haute moralité que le Christianisme inspira toujours à ses fidèles.

Car l'Évangile est aussi « la religion de l'esprit

et de la force, du sérieux moral et de la saintété » (1).

Tout le Christianisme, au point de vue pratique, est dominé « par l'idée de rétribution, c'est-à-dire, en somme par la souveraineté de la morale ». Cet idéal repose lui-même sur un double principe, l'un présent, l'autre à venir : l'idée du Christ qui vit dans chaque âme et l'idée du jugement futur. En conséquence, le chrétien doit s'abstenir de toute souillure et pratiquer la continence, ce qui implique surtout la fuite du vice impur, mais aussi le renoncement au monde, aux plaisirs, aux richesses et l'obligation de la charité, de la pauvreté, de la mortification. Ceux qui trouveraient cet ascétisme exagéré oublient que c'est en renonçant au monde qu'on se rend capable d'agir sur lui et que les révolutions, en tout cas, ne se font pas avec de l'eau de rose. Or, c'est bien d'une révolution qu'il s'agissait ici, puisqu'il s'agissait de renverser le polythéisme pour introniser dans le monde la majesté de Dieu et le règne du bien (p. 83-85).

Dès lors, il est superflu de rappeler comment tous les écrits du Nouveau Testament sont remplis de préceptes sur la moralité, et il faut en dire autant des Pères apostoliques. « On peut définir toute l'activité de la prédication chrétienne comme un effort moral, destiné à réveiller et renforcer le sens moral... On ne saurait le mettre en doute,

(1) Livre II, ch. v, p. 172-188.

ces chrétientés primitives entendent se régler d'après les principes moraux les plus stricts ; elles ne souffrent dans leur sein aucun membre impur, sachant bien qu'elles cesseraient d'être le jour où elles feraient une place à l'immoralité. » On combattait surtout le péché de la chair avec toutes ses conséquences, la cupidité et la malhonnêteté dans le commerce, le mensonge aussi et la duplicité. « Des hommes purs, détachés de la fortune et de l'amour-propre : voilà ce que les chrétiens devaient être, c'est-à-dire des hommes vrais et vaillants (1). »

Aussi les apologistes pouvaient-ils à bon droit proclamer l'excellence de la morale chrétienne comme un très sérieux argument en faveur de la divinité de leur religion (2). Plus tard même, lorsque l'idéal primitif fut décidément démenti par la faiblesse humaine, le Christianisme, tout en continuant à élever les hommes vers la perfection, se réconcilia les âmes faibles par sa doctrine de la pénitence. Sans cesser d'être tout à fait la religion de la moralité, il était devenu la religion du pardon indéfini, et ceci lui attirait encore les cœurs.

Excellente et merveilleusement attrayante dans

(1) P. 178-180. Cette action moralisatrice du christianisme est complétée par la lutte qu'il entreprit contre certains désordres sociaux particulièrement graves, comme le luxe, les théâtres et les spectacles de toutes sortes, p. 251-253.

(2) Voir notamment ARISTIDE, 15-16 ; SAINT JUSTIN, 1re *Apol.*, 15-16. La vertu des chrétiens apparait jusque dans le nom de « saints » qu'ils aimaient à se donner, p. 340.

ses principes constitutifs, la doctrine chrétienne ne l'était pas moins dans ses modalités accessoires.

Par son mode d'enseignement, elle est à la fois « la religion de l'autorité et de la raison » (1). Elle s'impose par la foi, une foi absolue qu'on ne doit ni raisonner ni discuter. C'est le reproche maintes fois répété par Celse (2), et saint Paul se vantait déjà « d'enchaîner toute intelligence sous le joug du Christ » (II *Cor.*, x, 5), cependant qu'il mettait ses fidèles en garde contre les séductions d'une « vaine philosophie » (*Col.*, II, 8). Tertullien affirme énergiquement qu'il n'y a rien de commun entre Athènes et Jérusalem, « entre l'Eglise et l'Académie » (3). Ce dogmatisme gagnait bien des âmes par la sécurité même de ses affirmations. Mais en même temps Paul montre dans le Christianisme la sagesse de Dieu aux insondables richesses et les penseurs y découvrent la philosophie, conforme aux meilleures données de leur raison : tous ont conscience d'avoir trouvé la lumière qui leur révèle Dieu, le monde et leur propre nature. De ce sentiment qui faisait la joie et la paix des simples fidèles allait sortir la philosophie chrétienne, inaugurée par les Apologistes et définitivement intronisée par l'école d'Alexandrie.

(1) Livre II, ch. VI, p. 188-206.
(2) Dans ORIGÈNE, *Contre Celse*, I, 9, 12, 26 ; III, 44 ; VI, 10.
(3) *Prescriptions contre les hérétiques*, ch. VII.

Avec ce côté lumineux pour la raison, le Christianisme présentait aussi l'idée de mystère, si chère aux âmes tourmentées de cette époque. Il n'était partout question que de gnose, de rites mystérieux et divins. Le Christianisme ouvrait sur le monde divin des perspectives profondes : c'était la religion de la connaissance transcendantale. Il promettait pour une autre vie la divinisation du corps et de l'âme ; il avait surtout des sacrements : l'eau qui purifie les âmes ; le pain et le vin qui sont le corps et le sang du Christ et qui garantissent l'immortalité, sans parler des multiples onctions et cérémonies rituelles dans lesquelles devait bientôt se développer le culte chrétien (1).

M. Harnack est trop protestant pour ne pas voir dans tout cela autant de corruptions du pur Evangile (2) ; mais il convient aussi que ce fut une adaptation nécessaire. Elle fut même bienfaisante en somme, puisque sacrements et mystères servirent à abriter contre un plat rationalisme l'essence profonde de la vérité chrétienne ; et si, pour beaucoup d'âmes, ils ont matérialisé la reli-

(1) Il est d'ailleurs facile de remarquer combien était expressif le symbolisme du baptême pour signifier la renaissance à une vie nouvelle et combien ce rite était moins répugnant que la circoncision ou les purifications sanglantes des cultes orientaux. Livre III, ch. II, p. 325-328.

(2) P. 198-201. Il va jusqu'à dire que c'était ramener dans la théologie, par une porte dérobée, une grande partie de polythéisme (p. 200). M. de Grandmaison observe justement que ces pages de M. Harnack sont « les plus violentes, les plus injustes aussi de tout l'ouvrage ». *Etudes*, 5 août 1903, p. 313, note 3.

gion spirituelle, n'oublions pas qu'ils contribuèrent à en vivifier un grand nombre d'autres en favorisant leur ascension vers le monde surnaturel (p. 203-204).

Tant de caractères réunis donnaient aux chrétiens un vif sentiment de leur supériorité, qui se traduisait par « le message du peuple nouveau et de la troisième race » (1). Ils se sentaient et se donnaient à la fois comme le Judaïsme perfectionné, comme une nouvelle religion et comme la religion primitive restaurée. Ils se regardaient comme le peuple de Dieu et, de ce chef, le centre de l'histoire. Le moindre chrétien pouvait se dire : notre peuple est le plus ancien de la terre ; le monde a été créé pour nous ; tout le monde nous est soumis, tout nous est connu, nous jugeons l'univers. De toutes les formes que peut prendre la conscience d'un peuple, voilà bien, certes, « la plus étendue , la plus complète et la plus impressionnante qui se puisse imaginer » (p. 206-207).

Un livre servait à exprimer tout à la fois et à justifier cette conviction : savoir la Bible, qui est la charte divine du chrétien (2). Sans doute, jamais le Christianisme ne s'est attaché à un livre comme l'Islamisme ou le Calvinisme strict ; mais de bonne heure les chrétiens arrachèrent aux Juifs l'Ancien Testament pour lui donner une grande place dans

(1) Livre II, ch. VII, p. 206-227.
(2) Livre II, ch. VIII, p. 234-242.

leur foi. C'est là qu'ils trouvaient racontée l'origine du monde et de l'humanité, récit qu'ils pouvaient opposer triomphalement aux absurdes légendes grecques ; c'est là qu'ils montraient aux païens des préceptes de sagesse supérieurs à toutes leurs philosophies (1). On se réclamait surtout des prophéties où le Christianisme était annoncé d'avance ; ce qui permettait d'établir la continuité providentielle de l'histoire et de rattacher la religion chrétienne aux origines mêmes de l'humanité.

Bien plus, la Bible était considérée comme le livre le plus ancien, dont tous les autres ne sont que le plagiat : c'est un des *leit-motivs* de l'apologétique chrétienne au IIe siècle. Tout ce qu'il y a de bon chez Homère, les poètes ou les philosophes, tout cela est déjà chrétien, c'est-à-dire dérobé au Christianisme. « La hardiesse de cette prétention nous fait trop oublier aujourd'hui ce qu'il y a de grandiose et de puissant dans la conscience qu'elle exprime. » On en disait autant des rites et cérémonies du paganisme qui se trouvaient ressembler aux mystères chrétiens : c'était l'œuvre du démon qui singeait la religion chrétienne ou qui, mieux encore, avait pris les devants et copié le Christianisme avant la lettre afin de lui soutirer des adeptes. Cette étrange philosophie de l'histoire

(1) Tatien, entre autres, atteste par son expérience personnelle ce rôle apologétique de l'Ancien Testament. *Discours aux Grecs*, 27.

s'explique par la conscience que le Christianisme avait d'être le peuple le plus ancien, qui remonte aux origines du monde et en est encore aujourd'hui le centre. Dès lors la confiscation de ces rites et sacrements ne signifie pas autre chose que l'affirmation de son caractère idéalement humain et par suite divin. La religion chrétienne en se les incorporant ne faisait que reprendre son bien primitif (p. 217-219).

En même temps le Christianisme adoptait la philosophie, sans cesser d'ailleurs de se sentir en possession d'une sagesse plus haute. Quelques esprits violents, il est vrai, comme Tatien et Tertullien, se plurent surtout à combattre les philosophes ; mais la plupart, tout en reconnaissant les erreurs de la pensée profane, aimaient à y chercher des parcelles de vérité et comme une ébauche de la révélation. Grâce à saint Justin et à l'école d'Alexandrie, c'est le dernier mouvement qui prévalut et aboutit à constituer une philosophie chrétienne (1).

On voit avec quelle richesse et quelle complexité la religion chrétienne apparut dès l'abord au monde païen. Tout ce qui peut être conçu en matière religieuse, elle l'a, elle l'est ; elle réunit en elle-même tous les éléments de la religion universelle : elle a capté toutes les forces et toutes

(1) P. 246-247.

les idées pour les mettre à son service : elle réalise le plus parfait syncrétisme. Aussi combien pauvres, combien indigentes et étriquées apparaissent à côté d'elles les autres religions ! Cependant sans le savoir, elle leur doit beaucoup ; car elles ont préparé le terrain où allait germer la nouvelle semence (1).

Un autre fait révèle ce syncrétisme essentiel à la religion chrétienne : c'est le pouvoir qu'elle manifeste d'attirer tous les peuples, parce qu'elle a dépouillé le caractère national qui paralysait le Judaïsme. Elle attire aussi tous les hommes, malgré les différences de situation et de culture : Valentin est contemporain d'Hermas, et tous deux sont chrétiens : Tertullien est contemporain de Clément d'Alexandrie, et tous deux sont des docteurs dans l'Eglise ; Eusèbe est contemporain de saint Antoine et tous deux partagent la même foi. Enfin le syncrétisme définitif fut surtout consommé au IIIe siècle, lorsque l'Eglise, avec sa hiérarchie désormais forte et constituée en autorité souveraine, se résolut, dans sa théologie et dans son culte, à ouvrir les portes à l'hellénisme. De cette adaptation le système d'Origène est un spécimen théorique et l'apostolat de son disciple saint Grégoire le Thaumaturge, si complaisant aux usages païens, un exemple pratique (2). Le Christianisme y a gagné de

(1) Livre II. Conclusion, p. 261-266.
(2) Tout le motif de cette accusation, c'est que Grégoire, pour retenir les masses populaires, substituait aux fêtes païennes les fêtes des

conquérir le monde ancien ; mais par là aussi il mêlait à sa pure essence bien des éléments étrangers. Heureusement il a gardé la puissance de les dépouiller pour s'unir à des coefficients nouveaux: la Réforme a donné le signal de cette épuration, que nous devons aujourd'hui continuer.

Cette philosophie de l'histoire appellerait bien des réserves, et ce n'est pas ici le lieu de dire comment l'hellénisation du Christianisme ne fut ni aussi complète ni surtout aussi meurtrière du pur Évangile qu'on se plaît à l'imaginer. Le seul énoncé de ces conclusions, où l'on voit trop paraître le protestant libéral derrière l'historien, en manifeste suffisamment la tendance systématique. Mais nous en pouvons retenir que le Christianisme a su adapter, maîtriser et utiliser toutes les forces vives de la pensée antique, donnant par là la meilleure preuve de sa divine vitalité.

martyrs chrétiens. Le procédé eut grand succès, au dire de saint Grégoire de Nysse, dont M. Harnack cite ailleurs le texte complet (tome II, p. 174-175). Mais on voit que nous sommes loin de l'idolâtrie.

CHAPITRE III

La vie chrétienne.

Non seulement le Christianisme a prêché des doctrines sublimes, mais il les a vécues. Les hautes maximes de vertu n'étaient pas nouvelles pour les païens : ce qui est nouveau, c'est que, surtout à l'origine, elles furent largement réalisées. Car à la leçon les chrétiens ajoutaient la démonstration de l'exemple, et l'excellence de leur enseignement recevait de leur vie quotidienne un perpétuel et excellent commentaire (1).

Les chrétiens avaient d'abord une vie religieuse intense. Dieu le Père, Jésus-Christ sauveur, la vie éternelle, ces dogmes essentiels de leur foi, loin de rester lettre morte, s'étaient emparés de leurs âmes et inspiraient leur vie tout entière. « Les chrétiens étaient aussi éloignés que possible

(1) Pour plus de clarté, nous avons cru devoir séparer le côté théorique et le côté pratique du Christianisme que M. Harnack réunit dans les aperçus de son livre second. Il faut en effet les réunir pour avoir une idée complète de l'influence chrétienne ; mais peut-être seront-ils mieux saisis si on les expose à part.

de ce qu'on appelle le déisme. Ils connaissaient le Père céleste ; ils savaient que Dieu était auprès d'eux, qu'il les conduisait, qu'il avait établi sur eux le règne de sa puissance. C'est ainsi qu'ils le prêchaient et dès lors l'au-delà leur devenait présent. De ce chef, l'idée étroite de rétribution semblait s'évanouir : car que pouvait-on attendre encore, quand déjà on vivait en présence de Dieu, quand on goûtait sa sagesse, sa puissance et son amour avec toutes les énergies du cœur et pour ainsi dire avec tous les sens ? Ces alternatives de possession sûre et de désir passionné, de grâce ressentie et de vive espérance se sont succédé dans toutes les âmes comme dans celle de Paul... Peu de chrétiens sans doute ont su écrire ce qu'ils sentaient ; mais dans combien d'âmes l'image du Christ a agi, sans que nous puissions le savoir, avec une invincible puissance (1) ! »

Cette action divine avait un retentissement extérieur, et d'abord par l'expulsion des démons (2). Satan est le grand adversaire : les chrétiens le conçoivent comme la cause des fautes et même des maladies, surtout comme l'agent responsable de l'idolâtrie. Voilà pourquoi Jésus l'a chassé : après lui et par lui, l'Eglise continue non seulement à chasser les démons qui règnent sur les individus, mais à exorciser la vie sociale. Aussi

(1) Liv. II, chap. I, p. 85-86.

(2) Liv. II, chap. III, p. 108-127.

les Apologistes se plaisent-ils à célébrer comme une preuve de leur foi l'empire que le fidèle du Christ exerce sur les démons et les aveux qu'il leur arrache (1).

L'esprit de Dieu se manifeste aussi par de multiples dons surnaturels : ces *charismes,* déjà signalés par saint Paul (I *Cor.,* XII et XIV), accompagnent l'histoire des premières communautés. Dieu apparaît à ses saints, au cours de visions, de songes ou d'extases, pour les consoler ou les conduire ; parfois aussi les martyrs apparaissent à leurs frères. Pendant la prédication ou le service divin, les âmes ressentent de vives et soudaines émotions, faites de crainte ou de joie. Des prophètes se lèvent qui connaissent le passé, révèlent le présent, annoncent l'avenir. L'inspiration se traduit par des prières et des hymnes enflammées, parfois par des écrits ; l'enthousiasme de quelques frères s'exprime en paroles confuses, que seuls d'autres charismes permettent d'interpréter. On guérit les malades, on chasse les démons ; l'Esprit se révèle à tous pour inspirer les actions symboliques ou les héroïques dévouements.

Ces manifestations exceptionnelles de l'Esprit divin, surtout puissantes à l'origine, duraient encore au IIe siècle : saint Irénée les avait cons-

(3) Cf. SAINT JUSTIN, *Deuxième Apologie,* 6 ; *Dialogue avec Tryphon,* 85 ; TERTULLIEN, *Apologétique,* 23 ; MINUCIUS FÉLIX, *Octavius,* 27.

tamment sous les yeux (1). Elles diminuent au IIIe siècle : Origène en constate seulement des restes (2); au IVe siècle, Eusèbe n'en parle plus qu'au passé (3). En tout cas, ces dons surnaturels durent favoriser beaucoup la propagande chrétienne, parce qu'ils étaient plus nombreux et incomparablement plus parfaits que dans les autres religions (4).

Mais le meilleur charisme était sans contredit celui de la moralité. Chez quelques chrétiens, elle se révèle à un degré extraordinaire, qui est le signe divin par excellence : c'est une foi à transporter les montagnes, un dévouement affectueux qui étonne et émeut beaucoup plus que tous les prodiges, une charité attentive et prévoyante qui agit aussi sûrement que la Providence divine. Dans la masse même des fidèles, la vie est assez haute et pure pour que les Apologistes puissent s'en réclamer comme d'un triomphe de leur foi supérieur à celui de toutes les philosophies : ils se plaisent surtout à célébrer la virginité chrétienne et le courage des martyrs (5). Nous avons dit plus haut comment la sainteté était exigée des

(1) SAINT IRÉNÉE. *Contre les hérésies*, II, 32, 4.

(2) ORIGÈNE, *Contre Celse*, I, 2 ; II, 8.

(3) EUSÈBE, *Hist. eccl.*, III, 37.

(4) HARNACK, liv. II, ch. V, p. 172-178.

(5) Cf. ARISTIDE, 17 ; SAINT JUSTIN, *Première Apologie*, 14, 29, 60 ; *Deuxième Apologie*, 10-12 ; TATIEN, *Discours aux Grecs*, 29 ; MINUCIUS FÉLIX, *Octavius*, 36-37 ; TERTULLIEN, *Apologétique*, 46 et 50 ; *Epître à Diognète*, 5-7.

premiers chrétiens : il est historiquement certain qu'elle fut en grande partie réalisée.

Les païens eux-mêmes en convenaient parfois : leurs aveux sont précieux à recueillir. Pline, dans son rapport officiel à Trajan, déclare qu'il n'a rien trouvé de criminel chez les chrétiens : ils s'engagent seulement à éviter le vol, l'adultère, le mensonge et toute malhonnêteté. Lucien ridiculise les chrétiens comme des illuminés ; mais il reconnaît leur pureté de vie, leur esprit de sacrifice, leur courage devant la mort. Celse lui-même n'ose pas s'en prendre à leur moralité ; il ne trouve à leur reprocher que leur superstition et leur entêtement. Enfin voici, d'après une traduction arabe, le témoignage formel du médecin Galénus : « Les chrétiens expliquent leur foi par des paraboles ; mais ils se conduisent comme les vrais philosophes. Car ils méprisent la mort : nous l'avons tous sous les yeux ; de même, ils poussent la retenue jusqu'à s'abstenir des plaisirs charnels : il y a parmi eux des hommes et des femmes qui ont gardé la continence leur vie entière. Il en est enfin qui en sont arrivés à ce point dans la maîtrise et la réforme de leur âme et dans le souci de la perfection qu'ils ne le cèdent en rien aux vrais philosophes. »

Plus tard, il est vrai, la doctrine de la pénitence permit d'admettre les pécheurs, et ce fut un recul par rapport à l'idéal primitif. Cependant l'Eglise continua sans relâche par toutes ses lois à maintenir et relever le niveau moral, et l'on peut dire que la vie des communautés chrétiennes ne cessa jamais, malgré quelque dépréciation, d'exercer un attrait puissant sur les âmes bien nées (1).

De toutes les vertus chrétiennes, la plus neuve peut-être et en tout cas la plus saisissante fut la charité : ici plus qu'ailleurs la doctrine se traduisit par d'éclatants exemples (1).

« On reconnaîtra que vous êtes mes disciples si vous vous aimez les uns les autres », avait dit le Maître (JEAN, XIII, 35) : le précepte fut obéi à ce point que les païens eux-mêmes en étaient frappés. « Ils se connaissent à des signes secrets, dit le païen Cécilius, et ils s'aiment presque avant de se connaître (3). » Tertullien observe que la charité des chrétiens leur sert auprès de quelques-uns de marque distinctive : « Voyez, dit-on, comme ils s'aiment et comme ils sont prêts à mourir les uns pour les autres (4). » « Car leur fondateur, remarque à son tour Lucien, leur a mis dans la tête qu'ils sont tous frères : aussi montrent-ils un incroyable empressement, chaque fois que quelque chose arrive qui touche leurs intérêts

(1) HARNACK, *ibid.*, p. 178-185.

(2) Livre II, ch, IV, p. 127-172. Cf. p. 104-107. Ce chapitre, un des plus intéressants de l'ouvrage, a été déjà traduit intégralement en français par *La Démocratie chrétienne* (nos d'août 1905 et de février 1906). Ceci nous excusera de passer rapidement dans une matière qui vaut surtout par les détails.

(3) Dans MINUCIUS FÉLIX, *Octavius*, 9.

(4) TERTULLIEN, *Apologétique*, 39.

communs : rien alors ne leur paraît trop cher (1). »

Effectivement, aucun devoir ne fut peut-être plus souvent rappelé aux fidèles que celui de la charité ; mais, outre ces multiples manifestations individuelles, elle fut de plus officiellement organisée. Saint Paul parle déjà des collectes régulières qui se faisaient dans les communautés (I *Cor.*, XVI., 1-5) ; bientôt chaque église eut une caisse commune. Elle était alimentée par des dons en argent ou en nature : les versements étaient hebdomadaires, mensuels ou *ad libitum,* mais toujours volontaires ; ils accompagnaient chaque réunion de fidèles et se reliaient étroitement au culte (2). Il y avait aussi des offrandes exceptionnelles, témoin le cas de Marcion qui, en arrivant d'Asie (vers 139), versait à l'Eglise de Rome la somme de 200.000 sesterces (de 40 à 50.000 francs). La caisse était administrée directement par l'évêque ; mais celui-ci s'adjoignait le concours des diacres, qui prirent dès lors une grande importance dans l'Eglise.

La première charge de la caisse était l'entretien du clergé : car le principe fut toujours admis que l'ouvrier mérite son salaire (I *Cor.*, IX, 4-15). Le reste était consacré au soulagement de toutes les misères, et d'abord à l'entretien des veuves et des orphelins, qui étaient les indigents par excellence :

(1) LUCIEN, *La mort de Pérégrinus,* 13.

(2) TERTULLIEN, *Apologétique,* 39.

l'Eglise de Rome vers l'an 250, en nourrissait 1.500 (1). Les malades venaient en seconde ligne : l'Eglise priait pour eux, mais elle prenait aussi les moyens de leur venir en aide. Elle avait institué *ad hoc* le corps des diacres et, en Orient, le corps des diaconesses, déjà mentionnées par Pline. Avec les malades, on soignait aussi tous les infirmes de corps et d'esprit, les vieillards incapables de travailler et, en un mot, tous les indigents. « Ce que l'Eglise possédait fut dès le commencement et toujours regardé comme le bien des pauvres, et dans les premiers siècles ceci n'était pas encore un mensonge (p. 140). » Julien l'Apostat témoigne de la profonde impression que dut faire cette charité chrétienne, puisqu'il essaya — et d'ailleurs sans succès — de l'implanter dans son église officielle. Enfin l'Eglise se préoccupait d'assurer aux morts, surtout aux pauvres, une sépulture honorable, cependant que ses prières venaient les secourir jusque dans l'autre vie.

La charité s'appliquait aussi à certaines misères sociales et revêtait par là d'autres formes qu'on dirait plus modernes. L'Eglise s'efforça de guérir cette grande plaie des sociétés antiques qu'était l'esclavage. En réhabilitant par la vertu l'âme de l'esclave, en prêchant au maître la douceur, en

(1) Sans oublier une centaine de membres du clergé : M. Harnack calcule que la caisse devait dépenser de ce chef de 125 à 250.000 francs (p. 136).

favorisant les affranchissements, le Christianisme, sans soulever une « question de l'esclavage », y apportait de notables adoucissements et petit à petit en préparait la ruine (1). L'Eglise enseignait, d'autre part, la dignité du travail et en rappelait le devoir à ses adeptes ; mais elle se chargeait aussi de leur en fournir les moyens. Car on reconnaissait à tout chrétien le droit à un minimum de subsistance, qui se traduisait pour lui, s'il était invalide, en un droit à l'aumône, ou en un droit au travail, s'il était bien portant. A ce droit du fidèle correspondait naturellement un devoir de la communauté (2) ; ce qui fait que chaque chrétienté devenait — l'anachronisme est seulement dans l'expression — un bureau de placement et un syndicat d'assistance mutuelle.

Tel était l'exercice normal de la charité chrétienne ; mais il y avait des souffrances imprévues. Dans les temps de persécution, les prisonniers étaient visités, consolés, assistés par leurs frères : tous les actes des martyrs sont pleins de ces exemples. On soulageait de même les chrétiens condamnés aux mines. Le dernier des persécuteurs, Licinius, se crut obligé de faire une loi spéciale pour interdire d'assister d'une manière quelconque les détenus, sous peine d'être passible

(1) Les conclusions de M. Harnack sur ce point, remarque très justement M. de Grandmaison, « sont tout à fait analogues à celles de M. P. Allard ». *Etudes* du 5 août 1903, p. 310, note 1.

(2) Voir surtout *Didaché*, 12 ; SAINT CYPRIEN, *Epître*, II.

du même châtiment (1) : pareil décret en dit long sur ce que les chrétiens devaient faire pour leurs prisonniers. Survenait-il des calamités extraordinaires, comme cette peste qui désola les villes de Carthage et d'Alexandrie au milieu du IIIe siècle, la charité chrétienne se manifestait davantage encore. Alors que les païens prenaient la fuite, les chrétiens se dévouaient pour sauver les victimes et ensevelir les morts, jusqu'à succomber parfois eux-mêmes à la tâche. Ils prodiguaient d'ailleurs leurs secours aux païens tout autant qu'à leurs frères (2). Ils montrèrent le même dévoûment lors de la grande peste qui éclata sous Maximien Daïa : « A cette vue, dit Eusèbe, tout le monde louait le Dieu des chrétiens et reconnaissait qu'ils sont les seuls à être vraiment religieux, parce qu'ils savent le prouver par des actes (3). »

Enfin la communauté n'avait pas soin que de ses propres fidèles ; mais elle pratiquait l'hospitalité envers les voyageurs et, en cas de besoin, elle venait au secours des chrétientés lointaines. La prière était universelle dans l'Eglise, et de même la charité. Déjà dans les Actes, il est

(1) Dans EUSÈBE, *Hist., eccl*, x, 8.

(2) Nous savons ces détails par saint Cyprien et saint Denys d'Alexandrie qui en furent à la fois les témoins et les héros. Cf. CYPRIEN, *De la mortalité* ; PONTIEN, *Vie de Cyprien*, 9 et suiv. DENYS D'ALEXANDRIE, dans EUSÈBE, VII, 22.

(3) EUSÈBE, IX, 8.

question de quêtes faites en faveur des chrétiens de Jérusalem (*Act.*, XI, 28-30. Cf. *Rom.*, XV, 26-27; II *Cor.* VIII, 1-16) : cette pieuse coutume s'est toujours continuée. Denys de Corinthe félicite l'église de Rome d'avoir accru en sa faveur ses largesses traditionnelles (1) ; un siècle plus tard, Denys d'Alexandrie parle en passant, dans une de ses lettres, des églises de Syrie et d'Arabie à qui le pape Etienne envoie régulièrement des secours (2) ; en Cappadoce, on se souvient encore, du temps de saint Basile, des aumônes qui avaient été envoyées par Denys de Rome (259-269) lors de l'invasion des Goths (3). A Carthage, saint Cyprien ouvre en faveur des églises de Numidie, ravagées par les nomades du désert, une souscription qui s'élève bientôt à 100.000 sesterces et nous avons encore la lettre touchante dont il accompagne son envoi (4).

D'ailleurs les secours pécuniaires étaient les moindres ; car les églises échangeaient entre elles des lettres et des envoyés à propos de chacune de leurs joies ou de leurs épreuves : suivant la parole de saint Paul, le corps entier se réjouissait ou s'attristait avec chacun des membres. De cette fraternelle solidarité procèdent l'épître écrite par saint Clément aux Corinthiens pour calmer les troubles

(1) DENYS DE CORINTHE dans EUSÈBE, *Hist. eccl.*, IV, 23, 10.
(2) DENYS D'ALEXANDRIE dans EUSÈBE, VII, 5, 2,
(3) SAINT BASILE, *Epître* LXX (au pape Damase).
(4) SAINT CYPRIEN, *Epître* LXII.

de cette Eglise, les députations envoyées à saint Ignace et les sept lettres de celui-ci, la circulaire de l'église de Smyrne sur le martyre de son évêque saint Polycarpe ou celle des églises de Gaule à leurs frères d'Asie sur les martyrs de 177, plus tard la correspondance de saint Denys de Corinthe, de saint Denys d'Alexandrie ou de saint Cyprien.

Ces diverses relations attestent les liens de mutuelle charité qui relient les chrétientés entre elles et assurent l'unité de l'Eglise.

Ainsi unis dans la même foi et resserrés par une commune charité, les chrétiens formaient dans l'Empire un véritable corps social, un organisme dont la puissance décuplait celle des individus (1). Dans le sein de chaque Eglise, les fidèles étaient animés d'un même esprit, participaient aux mêmes sacrements, avaient des réunions fréquentes, se visitaient et s'assistaient les uns les autres : le sentiment religieux devenait un principe efficace et nouveau de cohésion sociale. En même temps, une étroite solidarité reliait les églises entre elles pour en faire un vaste corps qui embrassait tout l'Empire. On peut voir par là quelle force pareille association devait donner à ses membres et quelle attraction elle ne manquait pas d'exercer sur les autres. La communauté elle-même, par son organisation et

(1) Liv. III, ch. IV, p. 362-368.

ses bienfaits, était un continuel et très puissant missionnaire.

Par là on peut s'expliquer aussi l'attitude des chrétiens à l'égard de l'Empire (1). Ce fut d'abord une attitude de séparation défiante et désintéressée ; l'Empire est la puissance mauvaise qui persécute les saints et dont on espère la revanche dans un avenir meilleur : c'est la politique de l'Apocalypse. Et voilà déjà une singulière conscience que ces communautés chrétiennes, encore si peu nombreuses, aient pu se considérer, en face du vaste empire romain, comme le centre de l'humanité et un facteur décisif de son histoire. L'Eglise ne cessa d'ailleurs jamais de professer à l'égard du pouvoir le plus sincère loyalisme ; bientôt même, on voit surgir l'idée d'une alliance. L'apologiste Méliton, par exemple, rappelle à Marc-Aurèle que le Christianisme est né en même temps que l'Empire, qu'il s'est développé dans son sein pour le plus grand avantage de celui-ci, que la prospérité de l'Eglise est le gage et le meilleur appoint de la prospérité nationale (2). « Nous retrouvons ici cet étonnant paradoxe qu'à ce peuple chrétien encore si chétif de son temps, à cause seulement de sa religion, c'est-à-dire d'un bien transcendant, Méliton ait reconnu le pouvoir de soutenir l'État, qu'il ait, en

(1) Liv. II, VII, p. 219-227.

(2) MÉLITON dans EUSÈBE, IV, 26.

un mot, considéré l'Église et l'État comme deux grandeurs parallèles (1). » Origène plus tard montrait de même comment la vertu des chrétiens les mettait au-dessus de l'assemblée civile d'une ville quelconque et comment le moins digne de leurs chefs était plus apte à commander que n'importe quel magistrat (2).

Mais on ne saurait trop remarquer comment l'attitude sociale de l'Église découle, en somme, de sa doctrine religieuse et est soutenue par elle. C'est à cause de leur foi, de leur vertu et de leur charité, à cause, en un mot, de leur vie morale supérieure que les chrétiens se reconnaissent une place à part dans le monde et dans l'Empire ; c'est aussi pour cela que les païens se préoccupent de plus en plus de la société nouvelle, comme s'ils y pressentaient confusément une force qui les doit subjuger.

(1) HARNACK, p. 224. Voir semblable jugement dans PAUL ALLARD, *Histoire des Persécutions* (Paris, 1885), I, p. 382-383.

(2) ORIGÈNE, *Contre Celse*, III, 29-30.

CHAPITRE IV

Les obstacles.

Pour donner de la propagation du Christianisme une idée complète et permettre de formuler sur ce fait un jugement équitable, après avoir dit quelles circonstances le favorisèrent, il faut étudier aussi les obstacles qu'il rencontra. M. Harnack ne traite pas précisément la question : à peine consacre-t-il en passant un petit chapitre aux « oppositions » que la mission chrétienne eut à subir (1). Il déclare même que pareille estimation lui paraît impossible, parce qu'il faudrait savoir les dispositions indéfiniment variables des esprits et les adaptations non moins mobiles de la prédication évangélique. Dès lors, ce catalogue des causes favorables ou défavorables ne saurait être qu'une collection de lieux communs, dont des rubriques pédantes ne parviendront pas à

(1) Livre II, ch. v, p. 379-419.

dissimuler les irrémédiables incertitudes (1).

S'il s'agissait de dresser une sorte de statistique universelle et complète, évidemment la prétention serait chimérique ; mais du moins, à défaut d'une loi constante, l'histoire et la psychologie ne nous permettent-elles pas une appréciation générale, suffisamment exacte dans ses grandes lignes et pour la majorité des cas ? C'est d'ailleurs ce que fait M. Harnack lui-même. Car, en analysant les principaux caractères de la doctrine et de la vie chrétienne, nous avons vu qu'il ne manque pas de dire ce qu'ils durent donner d'attrait au Christianisme ; mais aussi la loyauté l'oblige à reconnaître — seulement avec moins d'insistance et d'une manière plus voilée — comment, dans bien des cas, ils pouvaient se tourner en inconvénient. Ainsi donc c'est dans son ouvrage même, en réunissant les notes égarées et les phrases de détail, que nous pourrons trouver, sur les obstacles opposés au Christianisme, de suffisants éléments d'information.

Un premier obstacle venait au Christianisme de sa propre doctrine. On pourrait tout d'abord rappeler comment le culte et la notion même du Dieu spirituel paraissaient trop austères à bien

(1) M. Harnack reproche au cardinal Hergenrœther d'être tombé dans ce défaut, (p. 419-420). Celui-ci, en effet, énumère, d'une façon un peu scolastique, vingt causes favorables, puis en face vingt causes défavorables, ou plutôt il montre comment chacune des premières devenait un obstacle. Voir *Histoire de l'Eglise*, traduction Bélet (Paris, 1889), I, p. 304-313.

des âmes, de sorte que les chrétiens, qui n'avaient pas d'idoles ni de sacrifices, étaient accusés d'athéisme beaucoup plus encore que les Juifs, cependant que, d'un autre côté, le culte du Crucifié les couvrait de ridicule. De ce double point qui faisait le scandale des païens et sur lequel tous les Apologistes ont été obligés de se défendre (1), M. Harnack ne dit mot. Mais il a remarqué comment le Christianisme, en s'imposant d'autorité, effarouchait la raison à la fois exigeante et sceptique des philosophes (2). Ses mystères surtout excitaient de vives répugnances : Porphyre fait une longue critique de l'Eucharistie, qu'il entend au sens matériel de repas anthropophagique et qu'il condamne de ce chef comme « sauvage et absurde, plus absurde que toute absurdité, plus sauvage que la plus grossière sauvagerie (3) ». Enfin, quel « paradoxe » ce dut être tout d'abord pour beaucoup, comme pour les Athéniens, que le dogme du jugement et de la résurrection de la chair (4) ?

De plus, le paganisme n'était pas encore tellement ruiné qu'il ne gardât tout l'éclat du culte public et le prestige de la tradition nationale ;

(1) Cf, MINUCIUS FÉLIX, *Octavius*, 10 ; SAINT JUSTIN, *Apologie*, I, 6 ; II, 3 ; ATHÉNAGORE, *Discours pour les chrétiens*, 3.

(2) M. HARNACK rapporte des citations de Celse (p. 188-189), de Porphyre (p. 191, note 2), de Cécilius (p. 411, note 3).

(3) PORPHYRE, dans MACARIUS MAGNES, III, 15, cité par HARNACK, p. 197 note 1.

(4) HARNACK en dit un mot en passant, p. 78, Cf. MINUCIUS FÉLIX, *Octavius*, II, *Apologétique*, 48 ; ATHÉNAGORE, *De la résurrection*.

il plongeait surtout des racines tenaces au plus profond des habitudes de famille et de la vie de société. « Un fardeau fait de satiété, de mépris, de railleries et de dégoût pesait sur l'ensemble du paganisme. Mais on se tromperait fort à croire qu'il en était ainsi partout. Non seulement tout cela gardait une consistance officielle, mais un bon nombre d'âmes s'attachaient encore à ces prescriptions et cérémonies. Les nouvelles religions qui arrivaient d'Orient ranimaient les vieux cultes, et les rites mêmes les plus surannés recevaient parfois une nouvelle signification. De plus, cette religiosité publique, qu'elle ait été, en somme, florissante ou décrépite, n'est pas l'unique élément dont il faille tenir compte. Dans toutes les provinces et dans toutes les villes, à Rome aussi bien qu'à Alexandrie, en Espagne, en Asie, en Égypte, il y avait des idoles dans l'intérieur des maisons et des familles, avec des usages, superstitions et cérémonies de toutes sortes. La littérature s'en est rarement occupée ; mais les pierres et les chambres mortuaires, les papyrus magiques nous en ont apporté la connaissance. On y voit que chaque fonction domestique avait son génie protecteur, que toutes les allées et venues étaient soumises à la direction de quelque dieu. Ce monde religieux restait intact, cette religion de second ordre était partout vivante et agissante (1). »

(1) Harnack, p. 243-244. Cf. p. 20, 24-25, 90-93.

Le Christianisme rebutait encore par ses exigences morales : la voie était belle assurément, mais dure à gravir. Non seulement il fallait réprimer des passions longtemps caressées ; mais, dans la vie de tous les jours, c'étaient des froissements d'habitudes dont nous pouvons à peine nous faire une idée. Le chrétien devait s'éloigner des théâtres et des jeux qui tenaient tant de place dans la société antique. Cette interdiction entraînait celle de participer aux fêtes publiques, toujours intimement liées au polythéisme. Le chrétien devait encore s'abstenir du luxe sous toutes ses formes ; il lui fallait même renoncer souvent aux simples relations de société, comme repas ou visites, parce qu'elles étaient presque toujours mêlées de quelque superstition idolâtrique. Sans doute, il y eut bien vite du relâchement ; mais on voit quelle gêne résultait d'une morale aussi stricte, lorsque surtout le Christianisme eut gagné les classes élevées (1).

Jusque dans le sein de la famille, la religion chrétienne venait porter ce « glaive » de séparation dont avait parlé le Maître (MATTH., x, 21 ; 34-38). Le baptême donnait lieu parfois à de véritables drames intimes : Tertullien parle d'enfants déshérités par un père en fureur, d'épouses répudiées par un mari qui ne sait plus supporter leur vertu (2). Il y eut même des faits plus odieux, et

(1) HARNACK, p. 251-254.
(2) TERTULLIEN, *Apologétique*, 3. Cf., ARNODE, II, 5.

l'on vit des femmes dénoncées au juge par leur mari ou des jeunes filles par leur fiancé (1). En tout cas, c'était une séparation pénible des âmes, et qui pouvait devenir tragique aux heures de persécution : les Actes des martyrs sont pleins de ces scènes déchirantes, où, contre la foi du chrétien, on voit se coaliser les affections les plus légitimes du cœur (2).

En plus de ces difficultés que l'on peut dire essentielles, la religion chrétienne avait à lutter contre la suspicion et la calomnie. Passer au Christianisme c'était se disqualifier ; on entendait dire couramment : « Quel brave homme ce Caïus Séius, n'était qu'il est chrétien ! » ou encore : « Je m'étonne que Lucius, qui est un homme sage, se soit tout d'un coup fait chrétien (3). » C'est que le Christianisme paraissait une doctrine absurde, que seule une crédulité sénile pouvait faire admettre. C'est aussi que la nouvelle religion se recrutait parmi le bas peuple : Cécilius n'y montre qu'un tas d'ignorants ou de vieilles femmes, qu'on regardait toujours avec un souverain mépris et en qui facilement on arrivait à voir des gens sans aveu.

Aussi n'y a-t-il pas de sottise ou d'infamie

(1) SAINT JUSTIN, *Deuxième Apologie.*

(2) HARNACK, p. 330-334. Il cite surtout la belle passion de sainte Perpétue. De plus nombreux exemples sont groupés dans P. ALLARD, *Dix leçons sur le martyre*, sixième leçon, p. 189-231.

(3) TERTULLIEN, *Apologétique*, 3.

qu'on ne mît sur leur compte. Des gens bien informés allaient partout répétant que les chrétiens adorent le soleil et la croix ou même une tête d'âne ; qu'ils rendent à leurs prêtres un culte immoral. Dans leurs réunions nocturnes, on sait qu'ils se livrent à des orgies suivies de débauches innombrables ; qu'ils égorgent un enfant et se nourrissent de ses membres sanglants : Tertullien est obligé de rappeler que les chrétiens ne sont pas des ogres ni des monstres inhumains. Aux yeux des plus libéraux, leur intransigeance et leur manière de vivre les fait passer pour les ennemis du genre humain et personne ne doute que, par leurs impiétés et leurs sortilèges, ils ne soient la cause de tous les fléaux (1). Légendes absurdes que tous les Apologistes ont dû réfuter et que nous aurions peine à concevoir si, de nos jours encore, de trop nombreux exemples ne nous permettaient de mesurer parfois l'indéfinie capacité de la crédulité populaire.

Ces bruits étaient colportés par la rumeur publique, parfois même avec le secours de caricatures ou de pamphlets ; et le fanatisme haineux de la foule ainsi avivé éclatait plus d'une fois en émeutes sanglantes. Mais il faut bien dire aussi que ces accusations étaient acceptées par des gens instruits. Pour tous les païens, le Christia-

(1) Voir surtout MINUCIUS FÉLIX, *Octavius*, 8-9 ; TERTULLIEN, *Apologétique*, 7-8, 40.

nisme est une « superstition » ; l'épithète seule varie : « excessive et mauvaise », dit Pline; « nouvelle et malfaisante », ajoute Suétone, et Tacite renchérit encore : « superstition exécrable », « race de gens odieux pour leurs crimes et qui méritent les derniers châtiments » (1). Les calomnies populaires paraissent avoir été exploitées contre saint Justin par le cynique Crescens ; le rhéteur Fronton, précepteur de Marc-Aurèle, les avait développées dans un élégant discours, où le païen de Minucius Félix semble en avoir puisé la formule (2). Il faut dire, à l'honneur de l'esprit humain, que ces grossières accusations ne tinrent pas longtemps devant l'évidence des faits et la défense indignée des Apologistes. On n'y fait guère plus d'allusion dès la fin du IIe siècle ; mais on reproche toujours aux chrétiens leur stupide crédulité : c'est le thème de Celse et de Lucien. Marc-Aurèle parle quelque part, en une courte phrase dédaigneuse, de leur « entêtement », et leur mépris de la mort lui paraît provenir de l'ostentation (3). Cependant on voit revivre les vieilles calomnies au commencement du IVe siècle: Maximin Daïa prit la peine de les faire vulgariser par des libelles qu'on répandait dans le

(1) PLINE, *Epit.* X, 96; SUÉTONE, *Néron*, 16; TACITE, *Annales*, XV, 44.

(2) MINUCIUS FÉLIX, *Octavius*, 9, 31. M. Harnack donne un bref aperçu de ces calomnies, p. 228-229, 408-410. Cf. P. ALLARD, *op. cit.*, p. 117-124.

(3) MARC-AURÈLE, *Pensées*, XI, 3. Cf. HARNACK, p. 182-184.

peuple, qu'on affichait sur les murs et qu'on enseignait jusque dans les écoles (1).

Voilà comment on soulevait contre les chrétiens toutes les forces de l'opinion publique et toutes les passions de la populace.

Auprès des classes cultivées le Christianisme fut attaqué par les philosophes, dont deux surtout valaient une armée : Celse et Porphyre (2). Tous deux se ressemblent par la situation et le talent, par le soin qu'ils avaient pris d'étudier le Christianisme par le sérieux de leurs attaques ; mais leur attitude au point de vue religieux est très différente. Celse (vers 178) parle surtout en politique préoccupé de défendre, sans trop de conviction, la religion d'Etat. Il fait d'abord parler un Juif contre le Christianisme ; puis, prenant lui-même la parole, il exploite contre l'Eglise la division des sectes ; il raille surtout l'histoire évangélique. Le Christ n'était qu'un illuminé, sinon un imposteur : ses miracles sont dus à la magie ; sa morale est copiée de celle des philosophes : c'est l'hallucination de Madeleine qui a créé la résurrection. Les Apôtres n'ont fait que répéter ces fables en les augmentant : aujourd'hui le Christianisme, avec ses erreurs qui n'ont d'égales que ses prétentions, est un défi porté à la fois au bon sens et à la Providence.

(1) Eusèbe, i, 9 ; ix, 5-7. Cf. Harnack, p. 406.

(2) Harnack, p. 411-417.

Cependant Celse ne serait pas éloigné de faire des concessions : il accepterait la morale chrétienne et la doctrine du Logos ; mais il supplie les chrétiens de se rallier à l'unité nationale. En somme, Celse est un patriote et son but est avant tout de sauvegarder les intérêts supérieurs de l'Empire (1).

Un siècle plus tard, Porphyre se place sur le terrain philosophique et religieux : c'est la cause de la vérité et de la raison qu'il entend défendre ; et pour cela il n'en appelle pas à la raillerie comme Celse, mais à une argumentation sérieuse. Il s'attache d'abord à détruire les mythes chrétiens en montrant qu'ils n'ont pas de fondement historique dans l'Écriture. Il respecte le Christ comme un homme très pieux ; mais il fait ressortir tous les traits invraisemblables qui faussent son image dans l'Évangile et ne sauraient par conséquent être authentiques ; il anéantit la preuve prophétique que l'Église prétendait tirer de l'Ancien Testament ; il s'en prend surtout à saint Paul qu'il représente comme un rhéteur barbare, sans logique et sans bonne foi. Après avoir ruiné la base historique du Christianisme, Porphyre dirige ses critiques contre trois points fondamentaux de son dogme, qu'il regarde comme autant d'erreurs : la création et la fin du monde, l'Incarnation et enfin la résurrection. Sur les

(1) Cf. DUCHESNE, *Hist. ancienne de l'Eglise* (Paris, 1906), I, p. 201.

autres points, sa doctrine n'était pas loin de s'accorder avec celle des philosophes chrétiens.

Les quinze livres de Porphyre contre les chrétiens sont peut-être « l'ouvrage le plus riche et le plus pénétrant qu'on ait jamais écrit contre le Christianisme » (1) : c'était le testament de l'Hellénisme. Les efforts que firent les docteurs chrétiens pour le réfuter suffiraient à attester son importance (2).

Cependant, pour répondre à ces attaques, le Christianisme n'avait qu'une littérature très insuffisante. Le texte des livres saints, surtout la vieille version latine, était plutôt de nature à repousser par l'inélégance de son style ; en Orient, les écrits du seul Origène pénètrent auprès des païens ; en Occident, au début du IVe siècle, Lactance constate en le déplorant qu'il n'y a pas d'auteurs chrétiens pour le public lettré (3). L'influence même d'Origène fut incapable de créer un courant durable : la science restait païenne et, pendant tout le IVe siècle, le Christianisme eut contre lui tout ce qui restait encore du savoir antique. Il faut attendre les grands Cappadociens ou même saint Augustin pour que la situation change, et encore dans une mesure

(1) Harnack, p. 414. Cf. Duchesne, *op. cit.*, p. 553-555.

(2) Porphyre fut réfuté par Méthodius d'Olympe, Eusèbe de Césarée, Apollinaire et Philostorge : aucune de ces réfutations ne nous est parvenue.

(3) Lactance, *Institutions divines*, v, i. Cf. Harnack, p. 317-319.

bien restreinte. Car on peut dire, en Orient surtout, que la science n'a jamais pactisé avec la loi nouvelle : elle est morte d'épuisement ; mais le Christianisme avait déjà recueilli une partie notable de son héritage (1).

A tous ces ennemis de la foi chrétienne, il faut joindre un dernier adversaire, à qui tous les autres préparaient le terrain ou avec qui facilement ils contractaient alliance : le pouvoir politique. On connaît l'histoire des persécutions : il suffit de rappeler ici que, de Néron à Constantin, avec des phases diverses, le Christianisme a été en butte, de la part de l'Etat, toujours à la méfiance et le plus souvent à l'hostilité (2). Sans doute il y eut des périodes d'accalmie et des empereurs bienveillants. « Mais ce serait une illusion de se représenter la situation des chrétiens comme tout à fait supportable : l'épée de Damoclès restait suspendue sur la tête de chaque chrétien, et celui-ci restait toujours en face de la terrible tentation d'apostasier : car l'apostasie le rendait libre... Aussi n'a-t-on pas le droit de méconnaître le courage qu'il y avait à se faire chrétien et à vivre en chrétien ; il faut surtout glorifier la fidélité de ces martyrs qui n'avaient qu'un mot à dire ou un geste à faire pour être délivrés du châtiment et qui préférèrent la mort

(1) HARNACK, p. 418.

(2) HARNACK, p. 400-408. On trouvera résumée l'évolution de la législation persécutrice dans PAUL ALLARD, *op. cit.*, p. 85-115.

à cette délivrance. Dans cette interdiction légale il y avait, à n'en pas douter, un fort obstacle pour la propagande chrétienne (1). »

Mais aussitôt, comme s'il craignait d'en avoir trop dit, M. Harnack continue : « Cet empêchement fut-il compensé par l'attrait du fruit défendu et par la conduite héroïque des martyrs, il est difficile de le savoir. Les chrétiens eux-mêmes ne parlent pas beaucoup de cet obstacle à la propagation de leur foi ; ils insistent beaucoup plus sur l'accroissement que le martyre leur procure. D'ailleurs l'histoire nous apprend qu'une religion opprimée s'accroît et grandit sans cesse et qu'ainsi la persécution est un bon moyen de propagande. » N'est-ce pas trancher un peu vite ce problème d'histoire et de psychologie qui paraîtra sans doute plus complexe ?

A réunir tous ces obstacles dans une même vue d'ensemble comme ils furent unis dans la réalité, on voit que le Christianisme trouva conjurées contre lui tout ce qu'une société peut avoir de forces : le pouvoir et l'opinion, la science et le préjugé, la politique et la philosophie, pendant qu'il portait en lui-même, à côté d'incontestables attraits, au moins autant de principes de faiblesse et de causes de répulsion. Il est bon de s'en souvenir pour mesurer l'étendue de sa victoire.

(1) HARNACK, p. 403-404. Il soutient d'ailleurs la thèse du petit nombre des martyrs : on peut en lire une excellente réfutation dans P. ALLARD, *op. cit.*, p. 134-149.

CONCLUSION

Nous avons dit combien fut étendue et prompte la propagation du Christianisme ; nous venons de voir dans quelles conditions elle s'est produite : il nous reste à tirer la conclusion de cette double analyse et à nous demander si nous sommes en présence d'une évolution toute naturelle ou s'il ne faudrait pas invoquer une intervention miraculeuse de la Providence.

On a déjà vu que le sentiment de M. Harnack n'est pas douteux ; il se résume lui-même en ces termes : « La religion chrétienne s'est présentée dès le commencement avec un caractère d'universalité, en vertu duquel elle a mis son empreinte sur la vie entière avec toutes ses fonctions, avec ses hauteurs et ses profondeurs, ses sentiments, ses pensées et ses actes... Elle n'a écarté que la souillure et le péché ; du reste elle s'est construite avec tout ce qui était encore capable de vivre, surtout avec une puissante organisation : en dehors d'elle elle a tout brisé ; en elle-même, elle a tout conservé. Elle pouvait cela, parce que —

personne sans doute ne le disait et personne ne le savait, mais chaque âme pieuse le réalisait en elle-même — considérée dans son essence, elle était quelque chose de simple, qui pouvait s'unir à tous les coefficients, qui même les réclamait : Dieu Père, Juge et Sauveur, manifesté par Jésus-Christ. Et cette religion aurait pu ne pas vaincre ? Elle ne pouvait pas durer à côté des autres, elle pouvait encore moins disparaître : elle devait donc remporter la victoire (1). »

Ainsi donc, le Christianisme doit son rapide succès à son caractère de religion syncrétiste : d'un côté, tout l'effort de la pensée antique à cette époque, sans le savoir, lui préparait les voies ; de l'autre, il s'est trouvé répondre à merveille aux besoins profonds que cet effort tentait en vain de satisfaire : l'accord ne devait-il pas s'ensuivre tout naturellement ? Telle est bien la thèse favorite de M. Harnack : un mot suffit à la juger.

Ce n'est pas qu'on doive nier les préparations providentielles que le Christianisme rencontre dans toute âme, ni les facilités spéciales qu'il trouva dans le monde romain du Ier siècle (2) ; mais ne faut-il pas aussi tenir compte des obstacles qui s'opposèrent à sa marche ? Ces obstacles extérieurs ou intérieurs, M. Harnack les a vrai-

(1) Livre III, Conclusion, p. 421. Cf. Livre II, p. 261-266.

(2) C'est là-dessus qu'on pourrait se baser pour établir l'apologie du Christianisme du point de vue de la finalité, ainsi que M. Alfaric l'exposait avec tant de compétence. (*Revue pratique d'Apologétique*, 15 novembre 1905, p. 150-153). A cet égard, tout l'ouvrage de M. Harnack est pour cette thèse une préparation et un *confirmatur*.

ment trop négligés, et ceci suffirait à donner à son exposé l'allure suspecte d'un panégyrique. Ils existèrent cependant : c'est à lui-même que nous en avons le plus souvent emprunté l'expression et, en les groupant dans un même tableau, nous n'avons fait que leur rendre un peu de cette cohésion qu'ils eurent dans l'histoire. En regard des causes favorables au Christianisme, il faut donc mettre les causes défavorables : cette seule comparaison ne suffit-elle pas à ruiner le complaisant plaidoyer de M. Harnack et à motiver un autre jugement ?

On a d'ailleurs remarqué avec beaucoup de raison que la tendance syncrétiste de la pensée grecque était en elle-même plutôt un obstacle, parce qu'elle inclinait les esprits vers une philosophie conciliante et souple où tout le paganisme pouvait garder sa place, tandis que le Christianisme s'imposait avec toute l'austère intransigeance d'un dogmatisme absolu (1). De fait, ce syncrétisme s'est réalisé dans les sectes gnostiques ou dans la philosophie néo-platonicienne qui devait fournir au Christianisme ses plus dangereux adversaires. Bref, à regarder les faits, on peut se convaincre que la propagation du Christianisme se heurtait à d'énormes difficultés, dont on peut dire que, humainement parlant, il n'aurait jamais triomphé.

(1) L. de Grandmaison, *Etudes* du 20 août 1903, p. 471-475. Cf. *Bulletin de littérature ecclésiastique*, mars 1903, p. 94-95.

De plus, il y aurait lieu de discuter cette prétendue hellénisation de la foi chrétienne dont M. Harnack fait le second fondement de son système. Car la vraie question, assure-t-il, est de savoir comment le Christianisme s'est transformé jusqu'à devenir la religion universelle qui attira tous les hommes à elle comme un aimant. (p. 420). A la question ainsi posée, M. Harnack ne le dissimule pas, c'est toute l'histoire du dogme et du culte chrétien qui doit répondre, et l'on comprendra que nous ne pouvons pas ébaucher en quelques lignes la solution d'un si vaste problème. Nous observons seulement que, si le Christianisme s'est approprié des éléments étrangers, c'est pour les transformer en sa propre substance et non pour se changer en eux. En un mot, l'histoire étudiée sans parti pris révèle non point une métamorphose par corruptions successives de nos dogmes, mais le développement par assimilation vitale d'un germe spécifique.

Et alors une question se pose, qui n'est d'ailleurs que plus pressante avec l'évolutionnisme radical de M. Harnack : qu'est-ce donc que cette doctrine et d'où tire-t-elle sa prodigieuse fécondité ? On nous montre le Christianisme comme une graine qui se développe naturellement sur un sol bien préparé et l'on nous décrit avec admiration sa poussée grandiose ; mais d'où vient la graine elle-même et qui lui donne cette singulière énergie ? L'historien sans doute n'a pas mission de rechercher cette cause ; mais les faits étonnants qu'il constate en imposent d'autant plus le devoir au philosophe. M. Harnack ne s'y est pas dérobé. Voici ce qu'il dit, d'une manière d'ailleurs assez bizarre, en parlant du Christianisme hellénisé du IIIe siècle : « Si on l'avait traduit devant un tribunal pour lui demander de quel droit il avait admis tant de nouveautés, il aurait pu répondre : Je ne suis pas coupable ; je n'ai fait que développer les germes que *l'on* a déposés en moi dès le début de mon existence (p. 206). » Ceci ne rappelle-t-il pas étrangement l'aphorisme prud'hommesque :

Petit poisson deviendra grand
Pourvu que *l'on* lui prête vie ?

Supposons donc, étant donné le Christianisme tel qu'il se présenta au monde romain, que sa propagation devait normalement s'ensuivre ; il reste à savoir d'où lui venait cette puissance unique d'adaptation et de vie. Le problème est simplement reculé. Si l'on tient à écarter l'intervention providentielle dans le développement du Christianisme, on la retrouve tout entière et plus nécessaire que jamais pour rendre compte de son origine.

Sous le bénéfice de cette double observation, nous pouvons faire nôtre la page éloquente par laquelle M. Harnack termine son ouvrage. « La propagation de la religion chrétienne s'est-elle produite avec une rapidité surprenante ? Quoique nous ayons trop peu de documents parallèles pour établir une comparaison avec les autres religions de l'Empire, à cette question je répondrais cependant : Oui. L'impression qu'ont eue les Pères du IVe siècle, un Arnobe, un Eusèbe, un Augustin, que leur foi s'était propagée de génération en génération avec une incompréhensible rapidité, cette impression subsiste encore avec juste raison. Soixante-dix ans après la fondation à Antioche de la première communauté de païens convertis, Pline décrit avec les expressions les plus fortes l'expansion du Christianisme dans la province reculée de Bithynie et il voit déjà menacée dans cette région l'existence des autres cultes. Soixante-dix ans plus tard, la querelle pascale nous montre une confédération d'églises chrétiennes qui s'étend depuis Lyon jusqu'à Edesse et qui a son centre à Rome. Encore soixante-dix ans, et l'empereur Dèce déclare qu'il supporterait plutôt un rival dans Rome qu'un évêque chrétien. A peine soixante-dix ans se passent, et la Croix est fixée sur les étendards romains.

« Les causes de cette étonnante diffusion, nous avons cherché à les démêler : elles se trouvent, d'une part, dans le noyau même de la nouvelle religion : savoir, le monothéisme et l'Évangile ; et de l'autre, dans sa variété et sa merveilleuse souplesse. Si l'on dit que sa victoire est la victoire du Christ, on a raison et si l'on prétend qu'elle a tout simplement fourni la forme pour le triomphe du monothéisme syncrétiste, on a raison aussi. Quel degré d'influence faut-il attribuer à chacun des motifs isolément, combien revient au monothéisme spirituel, combien à la prédication de Jésus-Christ, combien au sentiment de la rédemption, à l'espoir de l'immortalité, à la pratique de l'amour et de l'assistance, à la discipline et à l'organisation, au syncrétisme de sa doctrine, ou enfin à la capacité qu'elle révéla dès le IIIe siècle de surpasser toute autre religion quels qu'en fussent les attraits, cela échappe à une appréciation certaine.

« Cette religion prêchait le Dieu vivant, pour qui l'homme est créé et elle pénétrait au plus profond des consciences ; elle apportait la vie et la science, l'unique et le multiple, le connu et l'inconnu. Elle s'unit à la philosophie grecque et sut à la fois la combattre et la compléter. Elle trouve le moyen, dans un temps de décadence, de se mettre à la tête du mouvement intellectuel et de s'assujettir le Platonisme. Elle était née de l'Esprit, mais elle apprit bientôt à consacrer les choses de la terre. Pour les simples elle était simple, et sublime pour les sublimes. Elle était la religion universelle dans un double sens : et parce qu'elle offrait ce qui était nécessaire à tous, et aussi parce qu'elle comblait les plus chers désirs de chacun. Elle devint Eglise, Eglise universelle, et elle se saisit en même temps de tous les instruments de pouvoir, sauf l'épée. Elle resta exclusive, en attirant cependant à elle tout élément étranger qui avait une valeur quelconque. C'est par ce signe qu'elle a vaincu ; car sur tout ce qui est humain — éternel ou transitoire — elle a placé la croix et dès lors tout soumis à l'au-delà (1). »

*
* *

On voit donc que M. Harnack ne cache pas que la propagation du Christianisme, malgré les explications favorables qu'il en a données, lui paraît « étonnante » ; elle le paraîtra sans doute davantage encore si l'on se souvient des restrictions qu'il faut apporter à sa thèse. Et si tel est l'aveu loyal et désintéressé de l'histoire, nos apologistes catholiques sont en droit de dire, comme M. Paul Allard : « La rapide diffusion du Christianisme... est un des faits de l'histoire qui se dérobent le plus aux explications ordinaires (2) » et d'en tirer nettement, avec l'abbé de Broglie, cette conclusion : « C'est un miracle d'une espèce particulière, un miracle historique (3). »

Voilà pourquoi le concile du Vatican a pu mettre ce fait au nombre de ceux qui justifient le témoignage de l'Eglise et font qu'elle est elle-même

(1) Harnack, tome II. p. 285-287.

(2) *Dix leçons sur le martyre*, p. 44.

(3) *Problèmes et conclusions de l'histoire des religions* (Paris. 4e édition), p. 351.

« un grand et perpétuel motif de crédibilité » (1). Car cette « admirable propagation », en même temps qu'elle est pour le Christianisme un signe de sa divinité, en devient une nouvelle preuve.

(1) Concile du Vatican, constitution *Dei Filius*, ch. III : « Ecclesia per se ipsam, *ob suam nempe admirabilem propagationem*..., magnum quoddam et perpetuum est motivum credibilitatis et divinæ suæ legationis testimonium irrefragabile. »

TABLE DES MATIÈRES

2357-06. — Imp. des Orph.-Appr., F. Blétit, 40, rue La Fontaine, Paris.

www.ingramcontent.com/pod-product-compliance
Ingram Content Group UK Ltd.
Pitfield, Milton Keynes, MK11 3LW, UK
UKHW021542260726
13993UKWH00002B/583

9 782019 982652